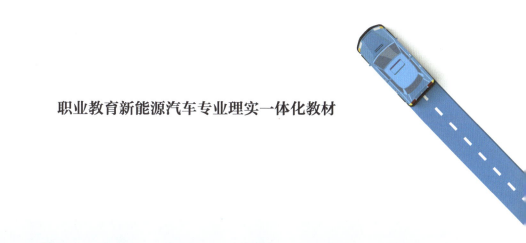

职业教育新能源汽车专业理实一体化教材

纯电动汽车电机及传动系统拆装与检测

天津职业技术师范大学汽车职业教育研究所　组编

主　编　周　毅
副主编　台晓虹　张瑞民
参　编　孔　超　宋建锋　王　云

U0417109

机械工业出版社

本书是采用"基于工作过程"的方法进行开发的，内容以典型工作任务为载体进行组织，主要包括驱动电机检测与更换、电机控制器检测与修复、传动系统拆装三个学习情境。每个学习情境包含若干学习单元，每个学习单元以实际工作任务进行导入，理论知识包含共性知识和个性知识，实践技能部分以北汽 EV160 车型为例。为便于理实一体化教学实施，每个学习单元配有任务工单，用于指导学生进行实践操作。

为方便职业院校开展一体化教学和信息化教学，本书配套了"新能源汽车专业信息化教学网络平台"，借助该平台，教师可开展线上和线下教学活动，平台上为每个学习单元开发了教学设计、教学课件、任务工单、教学录像、操作视频、教学动画等丰富的教学资源（部分收费）。如需要可联系作者邮箱：463243836@qq.com

本书适合于开设新能源汽车专业的职业院校使用，也可以供新能源汽车技术培训机构使用，同时也可作为新能源汽车从业人员的学习参考书。

图书在版编目（CIP）数据

纯电动汽车电机及传动系统拆装与检测/周毅主编．—北京：机械工业出版社，2018.4（2023.9 重印）
职业教育新能源汽车专业理实一体化教材
ISBN 978-7-111-59194-8

Ⅰ.①纯… Ⅱ.①周… Ⅲ.①电动汽车－电机－装配（机械）－职业教育－教材②电动汽车－电力传动系统－装配（机械）－职业教育－教材③电动汽车－电机－检测－职业教育－教材④电动汽车－电力传动系统－检测－职业教育－教材 Ⅳ.①U469.720.3

中国版本图书馆 CIP 数据核字（2018）第 031659 号

机械工业出版社（北京市百万庄大街22号 邮政编码100037）
策划编辑：于志伟 责任编辑：于志伟
责任校对：肖 琳 封面设计：鞠 杨
责任印制：任维东
北京市雅迪彩色印刷有限公司印刷
2023年9月第1版第8次印刷
184mm×260mm·8 印张·190 千字
标准书号：ISBN 978-7-111-59194-8
定价：34.80 元

电话服务　　　　　　　　　网络服务
客服电话：010-88361066　　机 工 官 网：www.cmpbook.com
　　　　　010-88379833　　机 工 官 博：weibo.com/cmp1952
　　　　　010-68326294　　金 书 网：www.golden-book.com
封底无防伪标均为盗版　机工教育服务网：www.cmpedu.com

职业教育新能源汽车专业理实一体化教材

编写委员会

编委会顾问

朱　军　王仁广　王　斌　张宪科　陆小珊

编委会主任

申荣卫

编委会成员

周　毅　孔　超　包丕利　何泽刚　宋建锋
台晓虹　冯勇鑫　王青斌　吕双玲　张　岩

前言

Preface

2016年,我国新能源汽车产销规模超过50万辆,保有量超过100万辆,连续第二年居世界首位,中国新能源汽车产业已走在世界前列。2015年,《〈中国制造2025〉重点领域技术路线图(2015年版)》正式发布,明确提出纯电动和插电式混合动力汽车、燃料电池汽车是我国未来在新能源汽车领域的重点发展方向。2016年,中国汽车工程学会《节能与新能源汽车技术路线图》的发布,再次为新能源汽车技术发展提出了更为明确的思路和路径。

由教育部、人力资源和社会保障部、工业和信息化部联合印发的《制造业人才发展规划指南》指出,2015年节能与新能源汽车人才总量在17万人。预计到2020年,节能与新能源汽车人才总量将达到85万人,缺口人数为68万人。目前,我国职业院校肩负着培养新能源汽车技术技能人才的重任。在中国汽车工程学会汽车应用与服务分会的指导下,天津职业技术师范大学汽车职业教育研究所在参与完成教育部"新能源汽车行业人才需求与职业院校专业设置指导报告"课题的基础上,组织汽车专业一线教师编写了本套理实一体化教材。

本书采用"基于工作过程"的方法进行开发。在对新能源汽车技术技能人才岗位调研的基础上,分析出岗位典型工作任务,然后根据典型工作任务提炼了行动领域,在此基础上构建了工作过程系统化的课程体系。为方便职业院校开展一体化教学和信息化教学,本书配套了"新能源汽车专业信息化教学网络平台",借助该平台,教师可开展线上和线下教学活动,平台上为每个学习单元开发了教学设计、教学课件、任务工单、教学录像、操作视频、教学动画等丰富的教学资源。

本书主要包括驱动电机检测与更换、电机控制器检测与修复、传动系统拆装三个学习情境,每个学习情境包含若干学习单元。本书全部内容均在实车上进行过验证。

本书由天津职业技术师范大学周毅担任主编,天津职业技术师范大学台晓虹、成都汽车职业技术学校张瑞民担任副主编,天津职业技术师范大学孔超、四川工程职业技术学院王云、天津职业技术师范大学宋建锋参与编写。

在本书编写过程中,山东星科智能科技股份有限公司(http://wpb.ixueto.com/)提供了大量的设备支持,在此表示衷心的感谢。编写过程中还参考了大量国内外相关著作和文献资料,在此一并向有关作者表示感谢。

由于编者水平有限,书中难免有错漏之处,敬请读者批评指正。

编 者

目录

前言

学习情境1　驱动电机检测与更换 ··· 1

学习单元1.1　永磁同步电机检测 ·· 2
任务工单1.1 ··· 25
学习单元1.2　永磁同步电机更换 ·· 28
任务工单1.2 ··· 43
学习单元1.3　感应电机检测 ·· 46
任务工单1.3 ··· 59
学习单元1.4　开关磁阻电机检测 ·· 62
任务工单1.4 ··· 71

学习情境2　电机控制器检测与修复 ··· 74

学习单元2.1　电机控制器拆装 ··· 75
任务工单2.1 ··· 93
学习单元2.2　电机及控制器冷却系统检修 ······························ 96
任务工单2.2 ··· 105

学习情境3　传动系统拆装 ··· 108

学习单元3.1　传动系统拆装 ··· 109
任务工单3.1 ··· 118

《纯电动汽车电机及传动系统拆装与检测》 理实一体化教室布置图 ········· 121

参考文献 ··· 122

学习情境 1

驱动电机检测与更换

学习目标

➢ 能通过与客户交流、查阅相关维修技术资料等方式获取车辆信息。

➢ 能识别永磁同步电机、感应电机、开关磁阻电机主要零部件并介绍各个部件的特点。

➢ 能正确读识北汽 EV160 汽车电路图。

➢ 能对永磁同步电机、感应电机、开关磁阻电机进行拆装与检测。

➢ 能对永磁同步电机进行更换。

➢ 能根据环保要求,正确处理对环境和人体有害的辅料、废气液体和损坏零部件。

学习单元 1.1　永磁同步电机检测

 任务导入

小王在某新能源汽车 4S 店工作，今天接了一辆车，师傅检查后发现电机工作温度过高，告知小王需拆卸电机进一步检查，你知道如何安全、规范地拆装和检测电机吗？

 **学习目标**

1. 能通过与客户交流、查阅相关维修技术资料等方式获取车辆信息。
2. 能根据故障现象选择合适的维修手册。
3. 能正确将永磁同步电机进行拆解。
4. 能根据维修手册对永磁同步电机进行检测。
5. 能正确使用安全防护套装及工具。

 **理论知识**

1.1.1　电机驱动系统概述

电机驱动系统一般由电机、电机控制器（功率变换器）等组成，如图 1-1-1 所示。电机是以磁场为媒介进行电能和机械能互相转换的电磁装置，在电动汽车驱动过程中作为电动机运行将动力电池中存储的电能转换为机械能驱动车辆运行，在制动或减速过程中作为发电机运行将机械能转化为电能存储在动力电池中。电机控制器（功率变换器）输出特定的电压和电流调节电机的运行以产生所需的转矩和转速。在能量变换过程中存在电能、机械能和磁场能量损失，这会影响能量转换效率，但是一般来说电机的能量转换效率都要远远高于其他设备的能量转换效率。

图 1-1-1　电机与发电机作用

相对于内燃机来说，电机的主要优势在于它可以在低速运行时提供较大的峰值转矩并且可以短时间内提供额定功率 2 倍以上的瞬时功率，这些可以给车辆带来出色的低速加速性能，在减速或制动时还可以实现再生制动，同时在低速行驶范围电机的能量转换效率远远高于内燃机，所以电动汽车在低速及中低速行驶时在能源利用效率和加速性能方面明显优于内燃机汽车。

1.1.2　电磁转换基本原理

所有的电机在电动运行时将电能转换为机械能，在发电时将机械能转化为电能。同一台电机既可以作为电动机也可以作为发电机，而只需要相应改变控制算法便可完成功率转换。必须指出，虽然功率转换的可逆性是电机的普遍原理，但在电机设计和控制上是有所偏重的。

电机是指依据电磁感应原理实现电能的生产、传输和使用的能量转换机械。

电生磁是奥斯特发现的，其现象是通电导体周围存在磁场。电和磁是不可分割的，它们始终交织在一起，简单地说，就是电生磁、磁生电。

如果一条直的金属导线通过电流，那么导线周围的空间将产生圆形磁场，导线中流过的电流越大，产生的磁场越强。磁场呈圆形，围绕导线周围。磁场方向可以依据右手螺旋定则（又称安培定则）来确定：将右手拇指伸出，其余四指并拢弯向掌心。这时，四指的方向为磁场方向，拇指的方向是电流方向，如图1-1-2所示。这种直导线产生的磁场类似于在导线周围安置了一圈NS极首尾相接的小磁铁的效果，图中的黑点代表电流流出的方向。

左手定则（又称电动机定则）：伸出左手，使拇指与其余四个手指垂直，并且都与手掌在同一平面内，让磁感应线从掌心进入，并使四指指向电流的方向，这时拇指所指的方向就是通电导线在磁场中所受安培力的方向，如图1-1-3所示。

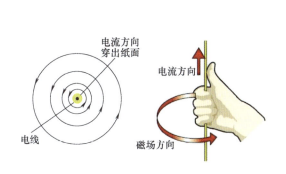

图1-1-2　右手定则

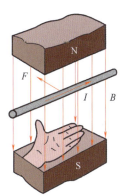

图1-1-3　电动机与发电机作用

1.1.3　直流电机基本构造

直流电机的基本构造如图1-1-4所示。直流电机的结构应由定子和转子两大部分组成。直流电机运行时静止不动的部分称为定子，定子的主要作用是产生磁场，由机座、主磁极、换向极和电刷装置等组成。运行时转动的部分称为转子，其主要作用是产生电磁转矩和感应电动势，是直流电机进行能量转换的枢纽，所以通常又称为电枢，由换向器、主轴、转子铁心和转子绕组等组成。

1. 定子

直流电机定子的作用是产生磁场和作为电机的机械支撑，它主要由机座、主磁极、换向磁极和电刷装置等组成，如图1-1-5所示。

（1）机座　机座兼起机械支撑和导磁磁路两个作用。它既用来作为安装电机所有零件的外壳，又是联系各磁极的导磁铁轭。机座通常为铸钢件，也有采用钢板焊接而成的。

（2）主磁极　主磁极是一个电磁铁，由主磁极铁心和励磁绕组两部分组成。主磁极铁心一般用1～1.5mm厚的薄钢板冲片叠压后再用铆钉铆紧成一个整体。小型电机的励磁绕组用绝缘铜线绕制而成，大中型电机励磁绕组用扁铜线绕制，并进行绝缘处理，然后套在主磁极铁心外面。整个主磁极用螺钉固定在机座内壁。

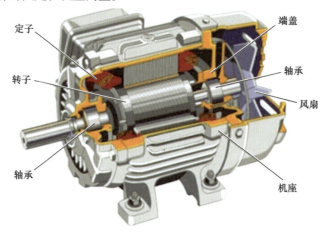

图 1-1-4 直流电机基础构造

（3）换向极 换向极又称为附加极，它装在两个主磁极之间，用来改善直流电机的换向。直流电机励磁绕组如图 1-1-6 所示，换向极由换向极铁心和换向极绕组构成。换向极铁心大多用整块钢加工而成。但在整流电源供电的功率较大电机中，为了更好地完善电机换向，换向极铁心也采用叠片结构。换向极线圈与主极线圈一样也是用圆铜线或扁铜线绕制而成，经绝缘处理后套在换向极铁心上，最后用螺钉将换向极固定在机座内壁。

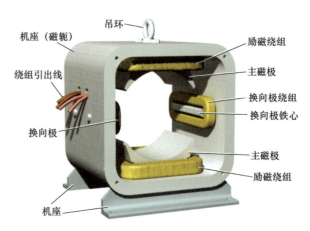

图 1-1-5 直流电机定子结构

（4）电刷装置 电刷装置的作用是通过电刷与换向器表面的滑动接触，把转动的电枢绕组与外电路相连。电刷装置一般由电刷、电刷盒、刷辫、压簧和电刷座等部分组成，如图 1-1-7 所示。电刷一般用石墨粉压制而成。电刷放在电刷盒内，用压簧压紧在换向器上，电刷盒固定在电刷座上，成为一个整体部件。

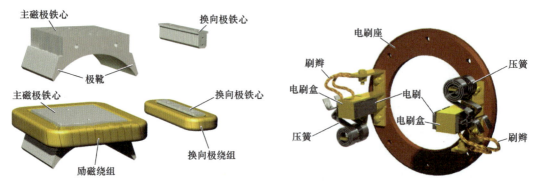

图 1-1-6 直流电机励磁绕组　　　　　图 1-1-7 直流电机电刷装置

2. 转子

转子又称电枢，主要由换向器、主轴、转子铁心和转子绕组组成。

（1）换向器　换向器的作用是机械整流，即在直流电机中，它将外加的直流电转换成绕组内的交变电流；在直流发电机中，它将绕组内的交变电动势变换成电刷两端的直流电动势。直流电机电刷换向器的结构如图 1-1-8 所示。

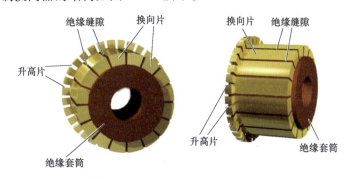

图 1-1-8　直流电机电刷换向器

换向器由许多换向片组成，换向片间的缝隙用云母片绝缘。换向片凸起的一端称为升高片，用以与转子绕组端头相连，换向片下部做成燕尾形，将绝缘套筒、换向片与绝缘缝隙紧固成一个整体，最后将换向器压装在主轴上。

（2）主轴　主轴的作用是用来传递转矩，一般用合金钢锻压而成。

（3）转子铁心　转子铁心是电机磁路的一部分，也是承受电磁力作用的部件。转子在磁场中旋转时，在转子铁心中将产生涡流和磁滞损耗。为了减小这些损耗的影响，转子铁心通常用 0.5mm 厚的电工钢片叠压而成，转子铁心固定在主轴上。沿铁心外圈均匀地分布有槽，在槽内嵌放转子绕组，如图 1-1-9 所示。

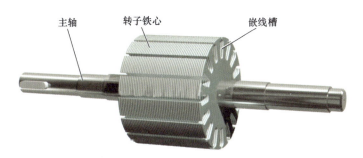

图 1-1-9　直流电机转子铁心

（4）转子绕组　转子绕组的作用是产生感应电动势和感应电流产生电磁转矩，实现机电能量转换，它是直流电机的主要电路部分。转子绕组通常都用圆形或矩形截面的导线绕制而成，再按一定规律嵌放在转子槽内，上下层之间以及转子绕组与铁心之间都要妥善地绝缘。直流电机的转子绕组如图 1-1-10 所示。为了防止离心力将绕组甩出槽外，槽口处需要将绕组压紧，伸出槽外的绕组端接部分用无维玻璃丝带绑紧。

绕组端头按一定规律嵌放在换向器钢片的升高片槽内，并用锡焊或氩弧焊焊牢，如图 1-1-11 所示。组装好之后的电机内部结构如图 1-1-12 所示。

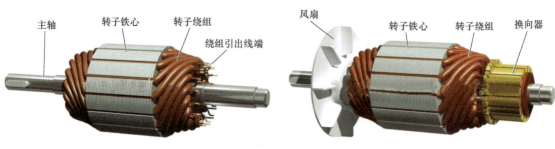

图1-1-10 直流电机的转子绕组　　　　图1-1-11 直流电机转子的换向器

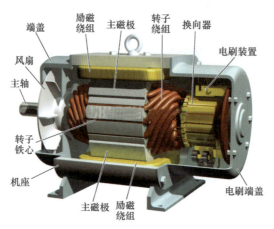

图1-1-12 直流电机内部结构

1.1.4 电机基本工作原理

直流电机是直流发电机和直流电动机的总称。直流电机具有可逆性,既可以作直流发电机使用,也可作直流电动机使用。作为发电机使用时,将机械能转换成直流电能输出;作为电动机使用时,则将电能转换成机械能输出。

N、S为定子上固定不动的两个主磁极,主磁极可以采用永久磁铁,也可以采用电磁铁,在电磁铁的励磁绕组上通以方向不变的直流电流便形成一定极性的磁极,如图1-1-13所示。

在两个主磁极N、S之间装有一个可以转动的线圈,线圈首末两端分别连接到换向器上。线圈与换向器固定在一起随主轴转动,换向器中间分成了两部分,分别与电刷A和B滑动接触。

电刷A与电源正极连接,电刷B与电源负极连接。线圈位于图示中的位置时,线圈瞬时电流的流向为电源正极→电刷A换向器a→b→c→d→换向器电刷B→电源负极。

根据电磁力定律,载流导体ab、cd都受到电磁力的作用,其方向如图中绿色箭头方向。导体所受电磁力的方向用左手定则确定,在此瞬时,ab位于N极下,受力方向

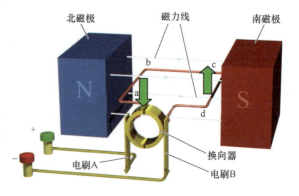

图1-1-13 电机工作原理

向下，cd 位于 S 极下，受力方向向上，电磁力对主轴和线圈形成了电磁转矩，线圈与主轴将进行逆时针旋转。

当线圈转到 90°，电刷不与换向器接触，而与换向器之间的绝缘缝隙接触，此时线圈中没有电流流过，但由于机械惯性的作用，线圈仍能转过一个角度，电刷 A、B 又将分别与换向器对向的部分接触，线圈中又有电流流过，此时导体 ab、cd 中的电流改变了方向，线圈仍然受到逆时针方向电磁转矩的作用，线圈适中保持同一方向旋转。

直流电机、交流异步电机和永磁同步电机转矩的产生都基于电磁感应定律；开关磁阻电机基于磁阻最小原理进行工作。

以直流电机为例，在直流电机中导体形成一个线圈，如图 1-1-14 所示，A 端连接正电极，B 端连接负电极，定子磁极 N 级位于线圈上部，S 级位于线圈下部，磁场方向从上向下，由于线圈通电，根据左手定则，ab 段线圈受到向左的电磁力，cd 段的线圈受到向右的电磁力，整个转子线圈在电磁力作用下随之旋转产生机械能。直流电机中，换向器随着线圈共同转动，电刷可持续为线圈供电，线圈能持续产生转矩旋转。

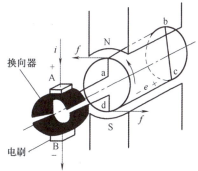

图 1-1-14 直流电机产生转矩原理

电机进行能量转换时存在能量损耗，主要有铜损、机械损耗、铁心损耗、杂散损耗四种。电枢绕组铜导线存在电阻，电流流过时产生的损耗为 I^2R（简称铜损），铜损的大小与电流和绕组损耗有关。

机械损耗主要是电机运行过程中的摩擦和通风导致的损耗。

铁损是铁心中的磁滞损耗和涡流损耗之和，铁磁材料置于交变磁场中时，磁畴互相间不停地摩擦造成的损耗成为磁滞损耗，铁心中感应产生涡流带来的损耗成为涡流损耗。为减小涡流损耗，电机和变压器的铁心都用含硅量较高的薄硅钢片叠成，铁损随着交变磁场频率的增加而增加。杂散损耗包括由于趋肤效应等因素引起的损耗。电机损耗的准确计算非常复杂，可基于经验公式进行。趋肤效应指导体中有交流电时，导体内部电流分布不均匀，电流集中在导体的"皮肤"部分，也就是说电流集中在导体外表，越靠近导体表面，电流密度越大。

1.1.5 永磁同步电机概述

与传统的励磁电机相比，永磁电机特别是稀土永磁电机，其具有体积小、重量轻、惯性小、响应快、高转矩/惯量比和高速度/重量比，高效率和高起动转矩，高功率因数，以及省电和运行可靠等显著优点。因而其应用范围极为广泛，几乎遍及航天、国防、工农生产和日常生活的各个领域。

永磁同步电机与感应电机相比，可以显著提高功率因数，减少了定子电流和定子电阻损耗，进而可以因总损耗降低而减小风扇（小容量电机甚至可以去掉风扇）和相应的风磨损耗，从而使其效率比同规格感应电机提高 2～8 个百分点。而且，永磁同步电机在 25%～120% 额定负载范围内均可保持较高的效率和功率因数，使轻载运行时节能效果更为显著。

现阶段，交流异步电机主要是以特斯拉为首的美国车企和部分欧洲企业使用。一方面，这与特斯拉最初的技术路径选择有关，交流感应电机价格低廉，而偏大的体积对美式车并无大碍；另一方面，美国高速路网发达，交流电机的高速区间效率性能较佳。

包括中国、日本在内的其他国家新能源汽车电机最广泛使用的仍是永磁同步电机。适合本国路况是主要因素，永磁同步电机在反复起停、加减速时仍能保持较高效率，对高速路网受限的工况是最佳选择。此外，我国稀土储量丰富，日本稀土永磁产业有配套基础也是重要因素。目前，永磁同步电机在我国新能源汽车中的使用占比超过90%。

日本的丰田、本田、日产等汽车公司基本上都采用永磁同步电机驱动系统，如丰田公司的 Prius 和本田公司的 CIVIC。因为在日本，供应永磁电机使用的稀土磁铁的公司比较多，同时汽车大多以中低速行驶，因此采用加减速时效率较高的永磁同步电动机较为适宜。

使用永磁同步电机的部分汽车厂商与供应商见表 1-1-1。

表 1-1-1 采用永磁同步电机的汽车厂商

车　型	电动机类型	电机供应商
宝马 I3	永磁同步电机	采埃孚
日产 Leaf	永磁同步电机	In-house
雪佛兰 Spark	永磁同步电机	日立汽车系统
本田 Fit EV	永磁同步电机	In-house
丰田 Pruis	永磁同步电机	In-house
北汽 EV 系列	永磁同步电机	精进电机
比亚迪 E 系列	永磁同步电机	比亚迪
上汽荣威	永磁同步电机	上海大郡、上海电驱动
奇瑞 EQ	永磁同步电机	上海电驱动、浙江尤奈特
江淮 IEV6	永磁同步电机	上海电驱动、浙江尤奈特
北汽福田	永磁同步电机	中车时代

1.1.6　永磁同步电机结构

永磁同步电机属于交流电机，定子绕组与交流异步电机相同。它的转子旋转速度与定子绕组所产生的旋转磁场的速度是一样的，所以称为同步电机。同步电动机的电流在相位上是超前于电压的，即同步电动机是一个容性负载。

永磁同步电机主要由机壳、定子和转子组成。定子包括定子铁心和定子绕组，如图 1-1-15 所示，定子绕组镶嵌在定子铁心中，绕组的作用是通电时可以产生磁场，铁心的作用是可以提高导磁率。永磁同步电机定子结构与工作原理与交流异步电机一样，多为 4 极形式，三相绕组按 3 相 4 极布置，通电产生 4 极旋转磁场。

永磁同步电机与普通三相交流异步电机的不同是转子结构，转子上安装有永磁体磁极。永磁磁极外凸镶嵌在转子铁心外侧，组成若干对磁极。一块永磁体有一个 N 极和一个 S 极。若干个永磁体和铁心共同构成了若干条磁路，磁力线方向，这是一个 4 极转子，如图 1-1-16 所示。

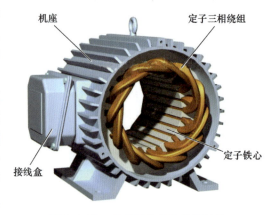

图 1-1-15　永磁同步电机定子结构

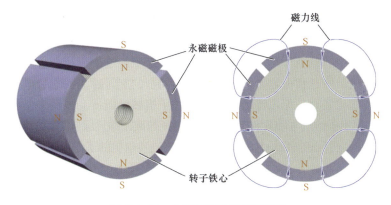

图 1-1-16　永磁同步电机转子结构

将转子和转轴做成一体，两端用轴承安装在机壳上，转子前端安装有散热风扇随轴转动，在定子绕组不断通电产生的磁场吸引下，转子即随定子产生的旋转磁场进行运转，如图 1-1-17 所示。

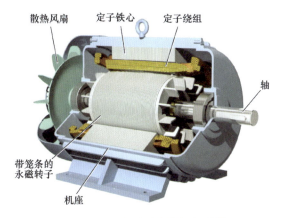

图 1-1-17　永磁同步电机剖面图

1.1.7　永磁同步电机工作原理

在永磁同步电机系统中，电机的输出动作主要是靠控制单元给定命令执行，即控制器输出命令。控制器主要是将输入的直流电逆变成电压、频率可调的二相交流电，供给配套的三相交流永磁同步电机使用。

电机控制器输出频率和幅值可变的 U、V、W 三相交流电给电机形成旋转磁场，电机通过位置传感器将电机转子当前的位置发送给电机控制器，以供控制器进行参考控制，如图 1-1-18 所示。

旋转磁场与转子永久磁铁所产生的磁场相互作用产生转矩，拖动转子

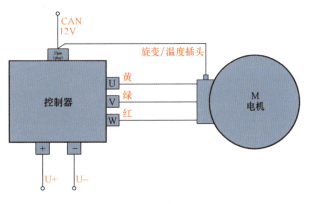

图 1-1-18　永磁同步电机与控制器

同步旋转，通过位置传感器实时读取转子磁铁位置，变换成电信号控制控制器中的逆变器功率器件开关，调节电流频率和相位，使定子和转子磁动势保持稳定的位置关系，才能产生恒定的转矩，定子绕组中的电流大小是由负载决定的。定子绕组中三相电流的频率和相位随转子位置的变化而变化，使三相电流合成一个与转子同步的旋转磁场，通过电力电子器件构成的逆变电路的开关变化实现三相电流的换相，代替了机械换向器，如图1-1-19所示。

永磁同步电动机定子的反电动势和电流波形均为正弦波，并且保持同相，其可以获得与直流电机相同的转矩特性，而且能实现恒转矩的调速特性。同步电机的工作模式如图1-1-20所示。

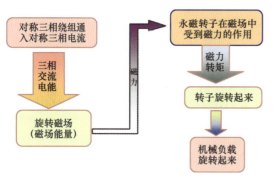
图1-1-19 电力驱动能量变化

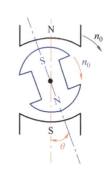
图1-1-20 同步电机工作模型

当定子产生一对磁极，上部为S极，下部为N极时，会将转子吸引到当前位置即转子N极向上，S极向下。在有负载状态下，定子旋转磁场在转速上微微领先转子一点，吸引转子以旋转磁场的转速进行旋转，在理想空载状态下转子与旋转磁场是完全对应的，在转子主动旋转，转子磁场会切割定子的磁场从而产生感生电流，此时状态为发电机，电动车制动能量回收就是利用这种工作原理而来的，如图1-1-21所示。

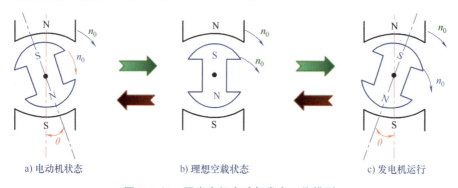

a) 电动机状态　　　　　　b) 理想空载状态　　　　　　c) 发电机运行

图1-1-21 同步电机电动与发电工作模型

如图1-1-22所示，A相黄色线圈、B相红色线圈和C相绿色线圈分别是永磁同步电机的3相线圈绕组，每相线圈中通入电流幅值和相位都随时间变化的交流电，且彼此在相位上相差120°。图中所示为时间轴t为0时的状态，此时黄色的A相线圈电流方向为正，电流从始端流入A相线圈，从末端流出，根据右手定则可产生如图所示的磁力线，磁场通过定子铁心形成闭合回路，对永磁转子产生吸引。此时红色的B相线圈电流方向为负，电流从末端流入B相线圈，从始端流出，根据右手定则，可产生如图所示方向磁力线。此时绿色的C相线圈电流为正，电流从始端流入C相线圈，从末端流出，根据右手定则可产生如图所示方向的磁力线。三相叠加的磁力线在左侧形成顺时针方向的磁力线,在右侧形成逆时针方向的磁力线,使得转子的 S 极和 N 极受到定子绕组的磁力线吸引。随着 A、B、C 三相绕组连续通入彼此相位相差 120°的交流电,定子磁场沿顺时针方向旋转,吸引永磁转子也随之旋转,将电能转化为机械能。

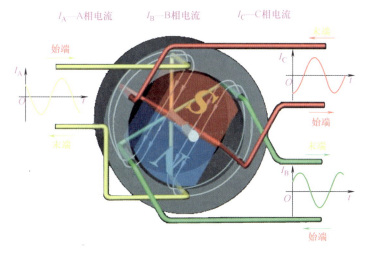

图 1-1-22　同步电机工作状态

1.1.8　北汽 EV160 永磁同步电机结构

北汽 EV160 使用的永磁同步电机结构如图 1-1-23 所示。

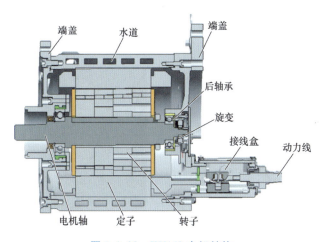

图 1-1-23　EV160 电机结构

机壳中含有冷却水道,电机端盖上有旋转变压器,用以监测转子位置。旋变与温度传感器如图 1-1-24 所示。控制器解码后可以获知电机转速,定子上有 2 个温度传感器,埋设在定子绕组中,用以监测电机的绕组温度,控制器可以通过加速冷却风扇运转与降功率运行等措施保护电机避免过热,如图 1-1-25 所示。

旋转变压器是转子位置传感器,用于确定电机转子的位置,便于电机控制器输出正确相位和频率的电压控制电机运转。旋转变压器转子安装在电机转子上,随其共同转动,旋转变压器定子安装在驱动电机后盖上,如图 1-1-26 和图 1-1-27 所示。

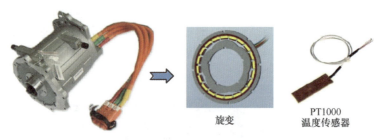

图 1-1-24　旋变与温度传感器

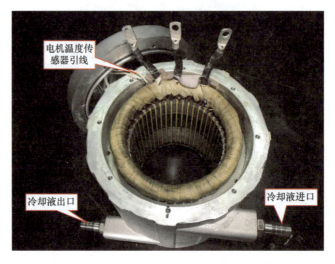

图 1-1-25　温度传感器与冷却液口

图 1-1-26　旋转变压器定子　　　　图 1-1-27　旋转变压器转子

　　旋转变压器用来测定转子磁极位置，从而为电机控制器内的逆变器（IGBT 模块）提供正确的换向信息，作为角度位置传感元件。常用的有光学编码器、磁性编码器和旋转变压器，由于制造和精度的原因，磁性编码器没有其他两种普及。光学编码器的输出信号是脉冲，因为是天然的数字信号，数据处理比较方便，因而得到了很好的应用，但信号处理电路比较复杂，价格较高。旋转变压器具有特别优良的可靠性和足够高的精度，适应更高的转速，在永磁同步电机领域逐渐替代了光学编码器，应用越来越广泛。

从原理上看，旋转变压器相当于一台可以转动的变压器。当励磁绕组以一定频率的交流电压励磁时，输出绕组的电压幅值与转子转角成正弦、余弦函数关系，或保持某一比例关系，或在一定转角范围内与转角呈线性关系，如图 1-1-28 所示。

旋转变压器定子上绕有励磁绕组、正弦绕组和余弦绕组。每个齿上的励磁绕组匝数相等，相邻两齿励磁绕组绕向相反，如图 1-1-29 所示。

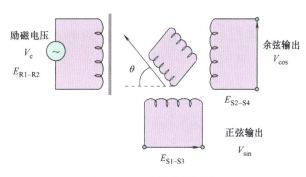

图 1-1-28　旋转变压器原理

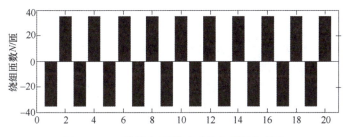

图 1-1-29　旋转变压器励磁绕组匝数与绕向

旋转变压器定子齿上正弦绕组的匝数随定子次序呈正弦分布，然后交替反向，具体方向也服从正弦分布，如图 1-1-30 所示。

定子齿上余弦绕组的匝数随定子次序呈余弦分布，绕向与正弦分布相似，如图 1-1-31 所示。

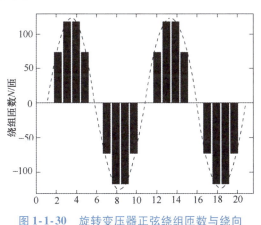
图 1-1-30　旋转变压器正弦绕组匝数与绕向

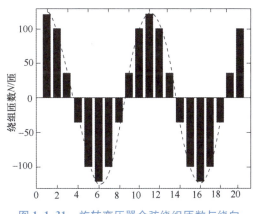
图 1-1-31　旋转变压器余弦绕组匝数与绕向

旋转变压器定子上有励磁绕组、正弦绕组和余弦绕组，转子上有 4 个凸起，电机工作时，旋转变压器定子绕组上的励磁绕组产生频率为 10kHz，幅值为 7.5V 的正弦波形作为基准信号。当电机转子与旋转变压器转子一起转动时，旋转变压器转子转过定子线圈，改变了定子线圈与转子之间的磁通，使得正弦绕组和余弦绕组受励磁绕组感应，信号幅值产生一定变化，呈正弦和余弦波形。波形的幅值和相位因与电机转子同转的旋转变压器转子的变化而变化，由此可判断出电机转子的位置、转速及旋转方向，旋变波形如图1-1-32所示。

驱动电机从左至右由电机吊装支架、旋转变压器盖、电机接线盒、左端盖、电机壳体（包括定子与转子）、右端盖组成，如图1-1-33所示。

EV160驱动电机的转子外形如图1-1-34所示。转子由硅钢片叠压而成，内部嵌有永磁体，两端有轴承支撑转子的旋转运动，左端是电机转子带有花键的输出轴。

图1-1-32 旋转激励绕组与正弦绕组信号波形

图1-1-33 EV160驱动电机组成

图1-1-34 EV160驱动电机转子

EV160驱动电机定子共有三相绕组形成定子绕组，定子绕组内埋设有温度传感器，用来监控电机定子温度，当温度过高时，电动冷却液循环泵将加速运转给电机降温，电机外壳上有一进一出两个水管，用于冷却液循环给定子降温，如图1-1-35所示。

驱动电机系统状态和故障信息会通过整车CAN网络上传给整车控制器（VCU），传输通道是两根信号线束，如图1-1-36所示，分别是电机到控制器的19PIN插件和控制器到VCU的35PIN插件。

驱动电机低压控制信号接口的定义见表1-1-2。

表1-1-2 驱动电机低压接口定义

连接器型号	编 号	信号名称	说 明
Amphenol RTW01419PN03	A	励磁绕阻R1	电机旋转变压器接口
	B	励磁绕阻R2	
	C	余弦绕阻S1	
	D	余弦绕阻S3	
	E	正弦绕阻S2	
	F	正弦绕阻S4	

(续)

连接器型号	编 号	信号名称	说 明
Amphenol RTW01419PN03	G	THO	电机温度接口
	H	TLO	
	L	HVIL1（+L1）	高低电压互锁接口
	M	HVIL2（+L2）	

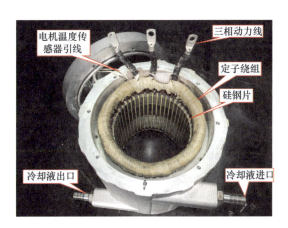

图 1-1-35　驱动电机定子构造

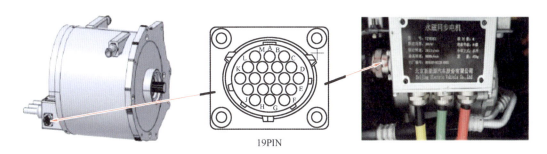

图 1-1-36　驱动电机 19PIN 插头位置

1.1.9　永磁同步电机永磁转子安装形式

永磁同步电机永磁转子的安装形式可分为表面凸出式、表面嵌入式和内埋式三种类型。

1. 表面凸出式永磁转子

表面凸出式永磁转子的磁极安装在转子铁心圆周表面上，如图 1-1-37 所示。

2. 表面嵌入式永磁转子

表面嵌入式永磁转子的永磁体嵌装在转子铁心表面，如图 1-1-38 所示。

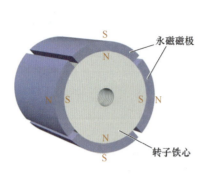 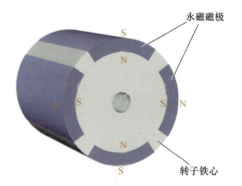

图 1-1-37　表面凸出式永磁转子　　　　　图 1-1-38　表面嵌入式永磁转子

3. 内埋式永磁转子

内埋式永磁转子的永磁体嵌装在转子铁心内部,如图 1-1-39 所示。

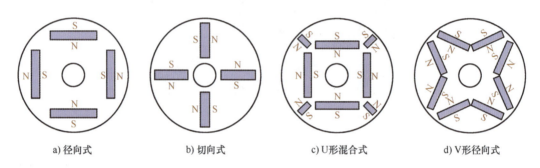

a) 径向式　　　b) 切向式　　　c) U 形混合式　　　d) V 形径向式

图 1-1-39　内埋式永磁转子

径向式布置永磁体的形式在转子铁心还开有隔磁空槽,槽内也可填充隔磁材料,如图 1-1-40 所示。

切向式布置永磁体的安装方式是在转子铁心内部在切入方向嵌装永磁体,如图 1-1-41 所示。

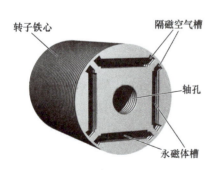 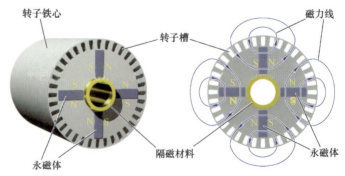

图 1-1-40　径向布置永磁转子　　　　　图 1-1-41　切向布置永磁转子

1.1.10 EV160 驱动电机的检修

安全注意事项：因驱动电机由高压供电工作，所以应做好高压安全防护。

当举升车辆，操作人员位于车辆底部时，应穿戴绝缘头盔、绝缘手套、绝缘鞋和护目镜。当插拔驱动电机相关高压线束时，应按正确操作规范先进行下电操作，再进行其他相关操作。

电机故障集电气与机械于一体，其表现呈多样性，既有机械故障的一般特性，也有电气、磁场等故障特性。长期以来，人们通过大量的故障结果分析发现，电机故障按其原因分，70% 左右源于机械故障（主要是轴承故障），30% 源于电气故障（主要是绕组故障）。

1. 机械故障

常见的机械故障有扫膛、振动、轴承过热、损坏等故障。

1）一般由于轴承严重超差及端盖内孔磨损或端盖止口与机壳止口磨损变形，使电机壳、端盖、转子三者不同轴心引起扫膛，如图 1-1-42 所示。

2）振动多数是由于转子动平衡不好，以及轴承不良，转轴弯曲，端盖、机壳与转子不同轴心，紧固件松动等造成。振动不但会产生噪声，还会产生额外负荷。

3）轴承过热多数是由于轴承的配合太紧或太松，轴承损坏等。

2. 电气故障

常见的电气故障有电压不正常、绕组绝缘故障、绕组短路、绕组断路、断相运行等。

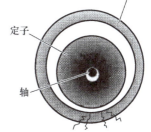

图 1-1-42 电机扫膛

1）电压偏高会使励磁电流增大，导致电机过热，过高的电压会危及电机的绝缘，使其有被击穿的危险。电压过低，电磁转矩会大大降低，相同负载下导致电机转速下降。三相绕组电压不对称，即一相电压偏高或偏低时，会导致某相电流过大，电机发热而损坏绕组。

2）绕组绝缘受到损坏，使绕组的导体与铁心或机壳之间相碰即为绕组绝缘故障。电机绝缘故障时容易产生触电危险。

3）绕组短路故障。绕组中相邻两条导线之间的绝缘损坏后，使两导体相碰，就称为绕组短路。发生在同一绕组中的绕组短路称为匝间短路如图 1-1-43 所示，发生在两相绕组之间的绕组短路称为相间短路，如图 1-1-44 所示。无论哪种短路，都会引起某一相或两相电流增加，引起局部过热，使绝缘老化损坏电机。

4）绕组断路故障。绕组断路是指电机的定子或转子绕组碰断或烧断造成的故障。

5）电机缺相运行故障。永磁同步电机在运行过程中，断了一相绕组就会形成断相运行。如果电机的负载没有改变，则电机处于严重过载状态，定子电流将达到额定值的二倍甚至更高，时间稍长电机就会烧毁。

图 1-1-43 匝间短路

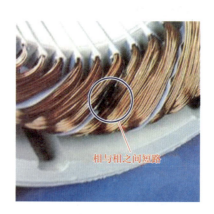
图 1-1-44 相间短路

3. 电机故障检查方法

（1）听　认真细听电机的运行声音是否异常。可将车辆举升，使驱动电机运转，借助螺钉旋具或听棒等辅助工具，贴近电机两端听，以便发现电机是否存在不良振动。

（2）闻　通过闻电机的气味也能判断故障。若发现有特殊的油漆味，说明电机内部温度过高，若发现较重的煳味，则可能是绝缘层被击穿或绕组已烧毁。

（3）摸　摸电机一些部位的温度也可判断故障原因。用手背去碰触电机外壳、轴承周围部分，若发现温度异常，其原因可能为散热不良、电机过载、定子绕组匝间短路或三相电流不平衡，若轴承周围温度过高，则可能是轴承损坏。

（4）绝缘电阻测量　使用绝缘电阻表或绝缘测试仪的500V档位测量电机三相绕组引出线与机壳之间的绝缘电阻，如图1-1-45所示，正常情况下应大于500Ω/V或电机整体绝缘电阻大于2MΩ表明电机绝缘良好。

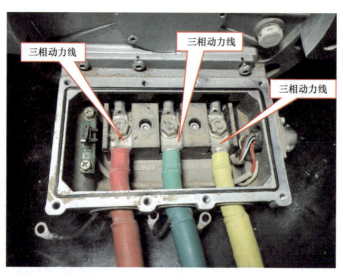
图 1-1-45　EV160电机三相动力线

因绝缘故障会导致触电事故，所以新能源汽车车载诊断系统对绝缘故障均有良好的检测与报警功能。当车辆高压系统出现绝缘故障时，组合仪表会提示车辆存在严重故障或标明绝缘故障。

对于北汽 EV160 车型，使用北汽 BDS 诊断仪读取故障码、数据流可有效检测电机故障。

将诊断仪连接到驾驶位左下方的车身诊断座上，打开点火开关，进入诊断系统界面，如图 1-1-46 所示。

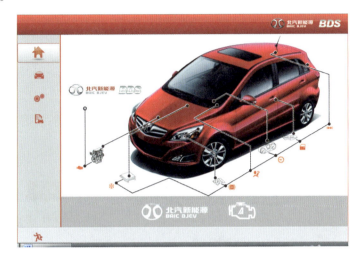

图 1-1-46 诊断界面首页

单击系统选择，进入功能模块诊断界面，如图 1-1-47 所示。

图 1-1-47 系统选择界面

单击进入"驱动电机系统"，如图 1-1-48 所示。

单击"读取故障码"查看故障码信息，如图 1-1-49 所示。

返回上一页，可单击进入"数据流"，如图 1-1-50 所示。

勾选需要查看的数据流信息后，单击"确认"可查看数据流状态，如图 1-1-51、图 1-1-52 所示。

根据故障码，参照常见故障诊断表进行故障排查，见表 1-1-3 与表 1-1-4。

图 1-1-48　驱动电机系统界面

图 1-1-49　驱动电机故障码界面

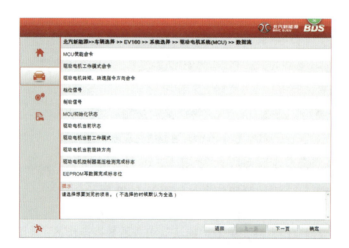

图 1-1-50　驱动电机数据选择流界面

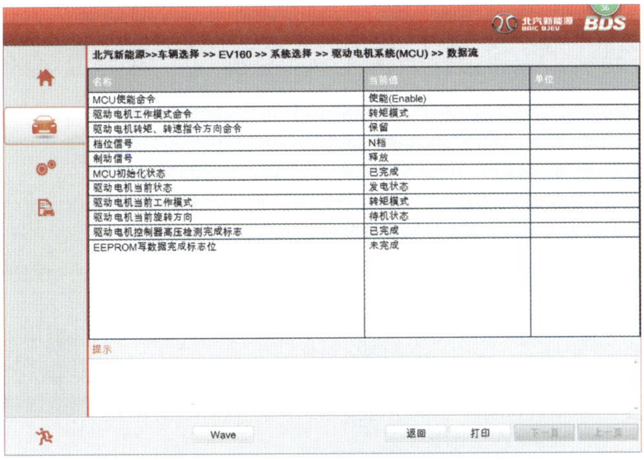

图1-1-51 驱动电机数据流界面（1）

图1-1-52 驱动电机数据流界面（2）

表1-1-3 驱动电机系统常见故障、故障原因及解决方法列表（1）

序号	故障名称	故障码	故障可能原因	解决方法
1	MCU 直流母线故障	P114017	1. 电机系统突然大功率充电 2. 高压回路非正常断开	分析整车数据，如果总线电压报文与实际电压不相符，则需要检查高压供电回路，高压主继电器、高压插件有无异常
2	MCU 相电流过电流故障	P113119 P113519 P113619 P113719	1. 负载突然变化、旋变信号故障等导致电流畸变，比如电池或主继电器频繁通断	检查高压回路
			2. 控制器损坏（硬件故障）	更换控制器
			3. 控制器采集电压与实际电压不一致	标定电压，刷写控制器程序

21

（续）

序号	故障名称	故障码	故障可能原因	解决方法
3	电机超速故障	P0A4400	1. 整车负载突然降低，电机扭矩控制失效	如重新上电不复现，不用处理
			2. 电机低压信号线插头连接松动或者退针	检查信号线插头
			3. 控制器损坏（硬件故障）	更换控制器
4	电机过滤故障	P0A2F98	1. 电机低压信号线插头连接松动或者退针	检查信号线插头
			2. 冷却系统工作异常	检查冷却液是否充足，水泵是否正常工作，冷却管路堵塞或堵气
			3. 电机本体损坏（长时间过载运行）	更换电机
5	MCU IGBT 过温故障	P117F98 P117098 P117198 P117298	同电机过温	同电机过温

表 1-1-4　驱动电机系统常见故障、故障原因及解决方法列表（2）

序号	故障名称	故障码	故障可能原因	解决方法
6	MCU 低电压欠电压故障	300316	12V 蓄电池电压过低，或者由于 35PIN 线束原因，控制器低压接口电压过低	检查蓄电池电压，给蓄电池充电；检查控制器低压接口，测量 35PIN 插件 24 脚和 1 脚电压是否低于 9V
7	与 VCU 通信丢失故障	U010087	1. 未收到整车控制器信号 2. 网络干扰严重 3. 线束问题	检查 35PIN 线束连接是否正常，检查 CAN 网络是否 BUS OFF，或者更换控制器
8	电机系统高压暴露故障	P0A0A94	1. MCU 电源模块硬件损坏 2. 软件与硬件步匹配 3. 网络上有部件报出高低压互锁故障引起	刷程序或更换控制器
9	电机（噪声）异响		1. 电磁噪声（高频较尖锐） 2. 机械噪声，可能是来自减速器、悬置、电机本体（轴承）	1. 电磁噪声属正常 2. 排查确定电机本机损坏，更换电机

电机旋转变压器故障和控制器旋变解码电路故障都会导致电机系统无法启动及转矩输出偏小等现象。若出现以上情况，请首先检查电机旋转变压器是否损坏。

根据电气接口表定义，用万用表欧姆档检查 S1\S3（60Ω）、S2\S4（60Ω）、R1\R2 绕组阻值，若为无穷大，表示已损坏，需更换旋转变压器，如图 1-1-53 所示。若显示正常值，则表示控制器内部旋变解码电路故障，需更换控制器主控板。

图 1-1-53 旋变及插头位置

1.1.11 驱动电机分解及装配

1）拆下驱动电机与减速驱动桥之间的 8 个连接螺栓，如图 1-1-54 所示。
2）拆下三相动力线接线盒上盖，如图 1-1-55 所示。

图 1-1-54 电机与减速驱动桥连接螺栓

图 1-1-55 三相动力线接线盒盖板

3）拆下三相动力线固定螺栓，取下三相动力线，如图 1-1-56 所示。
4）拆下驱动电机旋转变压器盖板。
5）拆下接线盒与驱动电机之间的固定螺栓，如图 1-1-57 所示。

图 1-1-56 三相动力线固定螺栓

图 1-1-57 接线盒与电机固定螺栓

6）拆下驱动电机后部固定支架，如图 1-1-58 所示。

7）拆下驱动电机后端盖，如图 1-1-59 所示。

图 1-1-58　拆下电机后部支架

图 1-1-59　拆下电机后端盖

8）取下前端盖，使用压力机压出转子，如图 1-1-60 和图 1-1-61 所示。

图 1-1-60　取下前端盖

图 1-1-61　压出转子

1. 电机是指依据电磁感应原理实现电能的生产、传输和使用的能量转换机械。

2. 永磁同步电机：

1）磁动势由永磁体产生，磁动势、电压和电流的波形均为正弦波形。

2）转子为使用稀土材料的永磁体，不需要额外励磁，可节省动力电池的电力。

3）具有结构简单、体积小、重量轻、损耗小、效率高、功率因数高等优点，主要用于要求响应快速、调速范围宽、定位准确的高性能伺服传动系统和直流电机的更新替代电机，但控制较复杂，价格较高。

3. 驱动电机系统由驱动电机、电机控制器等组成。电机控制器通过 U、V、W 三相动力线给驱动电机供电，驱动电机通过信号线将电机转子位置信号及定子温度信号传给电机控制器。

任务工单1.1

任务名称	永磁同步电机检测		学时	12	班级	
学生姓名			学生学号		任务成绩	
实训设备、工具及仪器	北汽EV160整车4台，XK-XNY-DJCZ1型电机拆装实训台4台，组合工具4套、绝缘电阻表4个、北汽专用诊断仪4个、FSA740综合分析仪4个。		实训场地	一体化教室	日期	
客户任务描述	小王在某新能源汽车4S店工作，今天接了一辆车，师傅检查后发现电机工作温度过高，告知小王需拆卸电机进一步检查，你知道如何安全、规范的拆装和检测电机吗？					
任务目的	请根据任务要求，安全、规范地对永磁同步电机进行检测。					

一、资讯

1. 电机驱动系统一般由_____、_____等组成。
2. 电机是以磁场为媒介进行_____和_____互相转换的电磁装置。
3. 相对于内燃机来说，电机的主要优势在于它可以在_____运行时提供较大的峰值转矩并且可以短时间内提供额定功率2倍以上的_____。
4. 永磁同步电机主要由_____、_____和转子组成。
5. 电机控制器主要是将输入的直流电逆变成_____、_____可调的三相交流电，供给配套的三相交流永磁同步电机使用。
6. 电机控制器输出_____和_____可变的U、V、W三相交流电给电机形成旋转磁场，电机通过_____将电机转子当前的位置发送给电机控制器，以供_____进行参考控制。
7. 在有负载状态下，定子旋转磁场在_____上微微领先转子一点，吸引_____以旋转磁场的转速进行旋转，在理想空载状态下转子与_____是完全对应的。
8. 控制器解码后可以获知_____，定子上有_____温度传感器，埋设在定子绕组中，用以监测_____温度，控制器可以通过加速冷却风扇运转与_____等措施保护电机避免过热。
9. 从原理上看，旋转变压器相当于一台可以转动的_____。当励磁绕组以一定频率的交流电压_____时，输出绕组的电压幅值与转子转角成_____、_____函数关系，或保持某一比例关系，或在一定转角范围内与转角成_____。
10. 旋转变压器定子上绕有_____、正弦绕组和_____。每个齿上的励磁绕组匝数相等，相邻两齿励磁绕组绕向_____。
11. 说明图中旋转变压器工作原理以及正弦信号和余弦信号的关系。

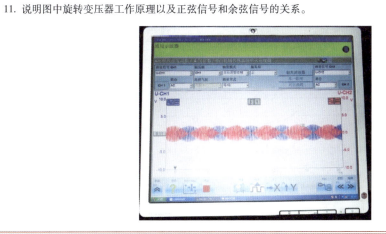

_____
_____
_____
_____
_____
_____
_____

二、计划与决策

请根据任务要求，确定所需要的仪器、工具，并对小组成员进行合理分工，制订详细的永磁同步电机检测计划。

1. 需要的仪器、工具

2. 小组成员分工

3. 电机检测计划

三、实施

1）按照规范进行下电操作。
2）拆下驱动电机与减速驱动桥之间的_____连接螺栓。
3）拆下三相动力线_____上盖。
4）拆下三相动力线固定螺栓，取下_____。
5）拆下驱动电机_____盖板。
6）拆下接线盒与_____之间的固定螺栓。
7）拆下驱动电机后部_____。
8）拆下驱动电机_____。
9）取下前端盖，使用_____压出转子。

通过上述过程，请总结检测、拆装电机过程中需要注意的事项：
1）_____
2）_____
3）_____

四、检查

检测永磁同步电机并进行如下检查：
1. 检查电机三相高压线束固定螺栓：_____。
2. 检查旋转变压器：_____。
3. 检查温度传感器线束：_____。
4. 检查三相动力线接线盒盖板：_____。

五、评估

1. 请根据自己任务完成的情况，对自己的工作进行自我评估，并提出改进意见。

1) _____

2) _____

3) _____

2. 工单成绩(总分为自我评价、组长评价和教师评价得分值的平均值)

自我评价	组长评价	教师评价	总分

学习单元1.2　永磁同步电机更换

 任务导入

小王在某新能源汽车4S店工作，今天接了一辆EV160纯电动汽车，经检查该车在行驶中存在异响，师傅告知小王需拆下电机及减速器。你知道如何安全、规范地将电机从车上拆装下来吗？

 **学习目标**

1. 能根据故障现象选择合适的维修手册。
2. 能正确将永磁同步电机从车身上拆卸及安装。
3. 能根据维修手册将拆卸电机所需的其他部件进行拆卸。
4. 能正确对高压部件进行安全防护拆装。

 **理论知识**

1.2.1　驱动电机基本概念

纯电动汽车与普通燃油汽车最主要的区别在于电机驱动系统，电机往往具有电驱动和发电两种功能，满足车辆在驱动行驶和减速制动等多种工作模式的需要。

驱动电机系统是纯电动汽车三大核心系统之一，是车辆行驶的主要执行机构，其特性决定了车辆的主要性能指标，直接影响车辆动力性、经济性和驾乘感受。

1. 纯电动汽车对电动机的基本要求

纯电动汽车上驱动电机的运行与一般的工业应用不同，工况非常复杂，对驱动电机有很高的要求。

1）纯电动汽车用驱动电机应具有瞬时功率大，过载能力强（过载系数应为3~4），加速性能好，使用寿命长的特点。

2）纯电动汽车用驱动电机应具有宽广的调速范围，包括恒转矩区和恒功率区。在恒转矩区，要求低速运行时具有大转矩，以满足起步和爬坡的要求；在恒功率区，要求低转矩时具有较高速度，以满足汽车在平坦路面能够高速行驶。

3）纯电动汽车用驱动电机应能够在汽车减速时实现再生制动，将能量回收并反馈回动力电池，提高纯电动汽车的能量利用率。这是在内燃机汽车上所不能实现的。

4）纯电动汽车用驱动电机应在整个运行范围内，具有高的效率，以提高单次充电续驶里程。

5）纯电动汽车用驱动电机还应具有可靠性高，能够在恶劣环境下长期工作，结构简单重量轻，运行噪声低，维修方便，价格便宜等特点。

2. 电机能量转换特点

电机是指依据电磁感应原理实现电能的生产、传输和使用的能量转换机械，如图1-2-1

所示。

发电机：将机械能转换为电能。

电动机：将电能转换为机械能。

电机的可逆性：一台电机既可以做电动机运行，也可以做发电机运行。

图 1-2-1　电动机与发电机作用

1.2.2　电机的分类和特点

电机按照运行的方式分为静止电机、旋转电机和直线电机。按照通入电流的类型可分为直流电机和交流电机。电动汽车上使用的电机有无刷直流电机、永磁同步电机、异步电机（感应电机）和开关磁阻式电机，如图 1-2-2 所示。

无刷直流电机主要应用于微型低速电动车，永磁同步电机主要应用于绝大多数电动汽车，异步电机主要应用于个别电动汽车（如特斯拉），开关磁阻电机主要应用于部分电动大客车。

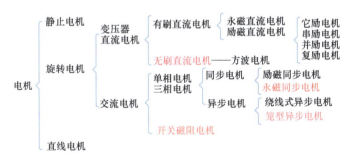

图 1-2-2　电机的分类

各类电机的特点如下：

1. 永磁同步电机

1）磁动势由永磁体产生，磁动势、电压和电流的波形均为正弦波形。

2）转子为使用稀土材料的永磁体，不需要额外励磁，可节省动力电池的电力。

3）具有结构简单、体积小、重量轻、损耗小、效率高、功率因数高等优点，主要用于要求响应快速、调速范围宽、定位准确的高性能伺服传动系统和直流电机的更新替代电机，但控制较复杂，价格较高。

2. 直流无刷电机

1）响应快速、起动转矩较大。

2）外特性好，符合电动车的负载特性，调速范围大，电机效率较高，再生制动效果好，控制简单。

3）电机体积较大，重量较重，电机结构复杂。

3. 交流异步电机

1）结构简单，成本低，比较坚固，容易做成高转速、高电压、大电流、大容量的电机。
2）起动性和调速性较差。

4. 开关磁阻电机

1）结构最为简单，电机上没有滑环、绕组和永磁体。
2）仅在定子上有简单的集中绕组，绕组的端部较短，没有相间跨接线，维护修理容易。
3）转速较高，效率较交流异步电机高。
4）转子无永磁体，可允许较高温升。

1.2.3 驱动电机系统简介

驱动电机系统由驱动电机、电机控制器等组成。电机控制器通过 U、V、W 三相动力线给驱动电机供电，驱动电机通过信号线将电机转子位置信号及定子温度信号传给电机控制器。电机控制器的电力来自动力电池，其通过 CAN 总线获知车辆当前的驾驶意图，根据驱动电机当前的状态，向电机输出驱动电力使其运转。驱动电机及控制器在工作过程中会发热，影响其正常工作，所以加装了冷却系统，由电动水泵驱动，使冷却液在电机控制器与电机中循环冷却，再将热量带到散热器散发到大气中，如图 1-2-3 所示。

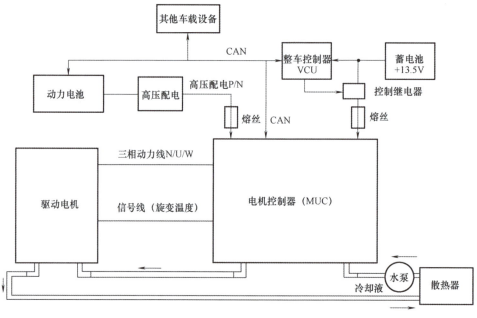

图 1-2-3 驱动电机系统

1.2.4 北汽 EV160 驱动电机

北汽 EV160 驱动电动机采用的永磁同步电机，具有效率高、体积小、重量轻及可靠性高等优点。

驱动电机系统由驱动电机和驱动电机控制器构成，通过高低压线束、冷却管路与整车其他系统作电气和散热连接。电机控制器位于前机舱的右侧上部，驱动电机位于前机舱下部，如图 1-2-4 所示。

图 1-2-4　驱动电机的安装位置

北汽 EV160 采用的驱动电机型号为 C33DB，具体技术指标参数见表 1-2-1。

表 1-2-1　C33DB 驱动电机系统技术指标参数

驱动电机		电机控制器	
类型	永磁同步	直流输入电压	336V
基速	2812r/min	工作电压范围	265～410V
转速范围	0～9000r/min	控制电源	12V
额定功率	30kW	控制电源电压范围	9～16V
峰值功率	53kW	标称容量	85kV·A
额定转矩	102N·m	重量	9kg
峰值转矩	180N·m	防护等级	IP67
重量	45kg		
防护等级	IP67		
尺寸（定子直径×总长）	245mm×280mm		

北汽 EV160 的驱动电机由大洋电机和大郡电机两个厂家供货，两种电机对应各自的电机控制器，不能混用。大洋电机和大郡电机的零件号和编号见表 1-2-2。

表 1-2-2　大洋和大郡电机型号

部件名称	零件号	型号	编号	铭牌	供应厂家
驱动电机	E00013180	TZ30S01	AD33D××××××××	新能源股份	大洋
驱动电机	E00013995	TZ30S02	AD33D××××××××	新能源	大洋
驱动电机	E00013182	TZ30S01	BD33D××××××××	新能源股份	大郡
驱动电机	E00013996	TZ30S02	BD33D××××××××	新能源	大郡

1.2.5　纯电动汽车驱动电机与其他部件的连接关系

纯电动汽车驱动电机对外有低压线束连接、高压线束连接和散热水管的连接。驱动电机通过低压线束将电机当前的转速、转子位置、定子绕组温度等信息传送给电机控制器，再由电机控制器传送给整车控制器。电机控制器接收来自动力电池的高压直流电，通过U、V、W三相高压线束控制驱动电机的运转速度、转矩、正反转以及驱动和发电两种工作模式。电动水泵运转输送冷却液至电机控制器的冷却水道，再通过管路流入驱动电机的冷却水道对电机控制器和驱动电机进行冷却散热，冷却液再由驱动电机冷却水道流向冷却液散热器，对冷却液进行散热，如此往复循环。具体连接关系如图1-2-5所示。

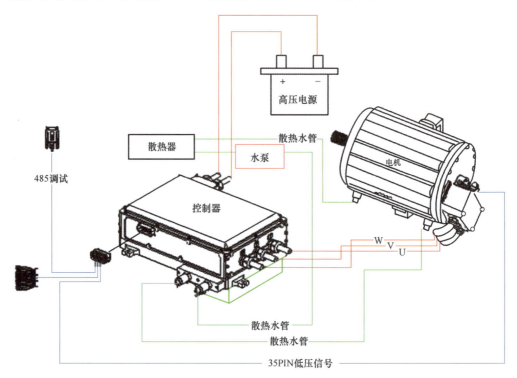

图1-2-5 电机及控制系统连接图

1.2.6 EV160 驱动电机与其他部件的连接关系

驱动电机与减速器通过螺栓连接在一起，再通过左侧、右侧和底部各3个固定螺栓共同固定在车身上，两侧的螺栓用来支撑电机及减速器的重量，底部的螺栓用来防止电机转动时产生旋转。

驱动电机通过U、V、W三根高压动力线束和一束控制线束与电机控制器连接。减速器通过左右两根半轴将动力输出给左右两个前驱动轮。驱动电机及减速器总成在车身上的位置如图1-2-6所示。

驱动电机工作过程中由于线损等原因会产生热量，温度过高会导致永磁同步电机中的永磁体出现退磁现象，影响电机正常工作。为保证电机工作温度稳定，需对驱动电机进行水冷冷却。由电动水泵推动冷却液循环，将热量从驱动电机、电机控制器中带到散热器进行散热。电动冷却水泵由12V低压电驱动。驱动电机上有一进一出共两个冷却水管接头，电机控制器上也有两个水管接头，如图1-2-7和图1-2-8所示。

图 1-2-6　驱动电机及减速器总成在车身上的位置

图 1-2-7　驱动电机冷却液进水口

图 1-2-8　驱动电机冷却液出水口

驱动电机的驱动电力来自电机控制器的 U、V、W 三相高压动力线束，额定工作电压为交流 340V。电机控制器的高压电力来自车辆底部的动力电池，驱动电机高压线束连接关系如图 1-2-9 所示。

图 1-2-9　驱动电机高压线束连接关系

低速电动车的驱动电机多采用交流异步电机和直流无刷电机，电机工作电压较低，多为

72V，额定功率较小，多为 3kW 左右，如图 1-2-10 所示。

有些低速电动车将驱动电机及减速器总成安装在后桥上，结构特别紧凑，如图 1-2-11 所示。

图 1-2-10　直流无刷电机　　　　　图 1-2-11　驱动电机及减速器总成

1.2.7　EV160 驱动电机的更换

当出现驱动电池运行中异响、驱动电机转子消磁、驱动电机温度传感器损坏、驱动电机绝缘故障、驱动电机无法运转等问题时，需将驱动电机从车身上拆下进行检测维修或更换。

安全注意事项：拆卸电机之前必须严格按照规范进行下电操作，因为拆卸驱动电机需要断开电机与电机控制器之间的高压线束，要注意高压安全防护。为确保安全，最好由两人共同完成电机及减速器的拆装。

（1）EV160 驱动电机的拆卸过程

1）按照规范进行下电操作。

2）拆下电机控制器低压线束插头。

3）拆下电机控制器上高压直流母线插头。

4）拆下电机控制器上三相动力线束插头，如图 1-2-12 所示。

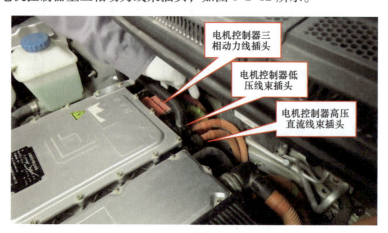

图 1-2-12　电机控制器后部线束连接

5）撬下左右前轮装饰盖，用冲子冲开半轴螺母的锁片，如图1-2-13所示。

图1-2-13　冲开半轴螺母的锁片

6）拆下左右前轮半轴螺母，交叉旋松左右前轮紧固螺母，如图1-2-14所示。

图1-2-14　拆下前轮半轴螺母与紧固螺母

7）拧松膨胀水箱盖，举升车辆离地面一定距离，如图1-2-15所示。

图1-2-15　膨胀水箱盖

8）拆下左右前轮、拆下左右前轮速传感器，如图1-2-16所示。

9）拆下左右减振器与转向节连接螺栓，如图1-2-17所示。

10）拔出两根半轴并将半轴及转向节固定，以免半轴脱出以及避免拉扯制动轮缸的制动软管，如图1-2-18所示。

图 1-2-16　拆下前轮轮速传感器

图 1-2-17　减振器与转向节连接螺栓

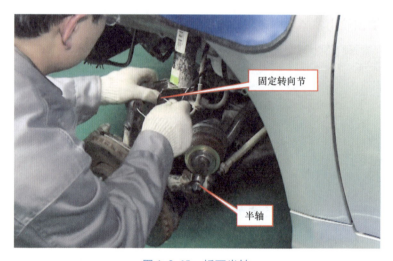

图 1-2-18　拆下半轴

11）举升车辆至合适高度，拆下散热器冷却液放水塞，放掉冷却液，如图 1-2-19 和图 1-2-20 所示。

图 1-2-19　散热器冷却液放水塞

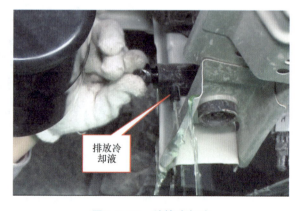

图 1-2-20　放掉冷却液

12）拆下驱动电机的进出水管卡箍，拔出水管，如图 1-2-21 和图 1-2-22 所示。

图 1-2-21 拆下驱动电机进水管

图 1-2-22 拆下驱动电机出水管

13）拆下电动空调压缩机及电动真空泵，如图 1-2-23 和图 1-2-24 所示。

图 1-2-23 拆下电动空调压缩机

图 1-2-24 拆下电动真空泵

14）拆下电机底部 3 个固定螺栓，如图 1-2-25 所示。用托盘千斤顶顶住电机底部，稍微托举起电机，避免电机及减速器两侧的固定螺栓受到电机及减速器的重力下垂而影响拆下固定螺栓，如图 1-2-26 所示。

图 1-2-25 拆下电机底部螺栓

图 1-2-26 用托盘千斤顶顶住电机

15）拆下左侧和右侧的各 3 个固定螺栓，拆下左右半轴的固定铁丝，缓慢降下托盘千斤顶，注意不要遗漏未拆卸的连接电路、管路，一边降托盘千斤顶一边观察电机及减速器与其他部件的相互干扰，扶稳电机及减速器直至降至合适高度，如图 1-2-27 所示。

图 1-2-27　拆下电机及减速器总成

（2）电机及减速器的安装过程

1）使用托盘千斤顶举升电机及减速器至合适高度，如图 1-2-28 所示。

2）安装驱动电机及减速器总成左侧与吊装支架之间的 3 个连接螺栓，如图 1-2-29 所示。

3）安装驱动电机及减速器总成右侧与吊装支架之间的 3 个连接螺栓，如图 1-2-30 所示。

图 1-2-28　托举电机及减速器总成　　　图 1-2-29　安装电机及减速器总成左侧固定螺栓

图 1-2-30　安装电机及减速器总成右侧固定螺栓

4）按照规定力矩使用扭力扳手对两侧连接螺栓进行紧固，如图 1-2-31 所示。

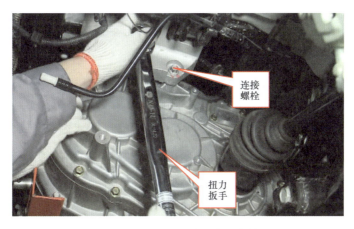

图 1-2-31 用扭力扳手紧固螺栓

5）固定好左右两侧连接螺栓后，撤下托盘千斤顶，如图 1-2-32 所示。
6）安装驱动电机底部固定螺栓，如图 1-2-33 所示。

图 1-2-32 撤走托盘千斤顶

图 1-2-33 安装电机及减速器总成底部固定螺栓

7）安装驱动电机低压线束插头，如图 1-2-34 所示。

图 1-2-34 驱动电机低压信号线束

8）安装电动制动真空泵及电动空调压缩机，如图 1-2-35 所示。
9）安装电动真空泵及电动空调压缩机线束插头，如图 1-2-36 所示。

图 1-2-35　安装制动真空泵

图 1-2-36　安装制动真空泵线束插头

10）安装驱动电机冷却液进出水管，如图 1-2-37 所示。

11）安装左右两侧转向节与减振器连接螺栓，如图 1-2-38 所示。

图 1-2-37　安装驱动电机出水管

图 1-2-38　安装减振器与转向节连接螺栓

12）安装左右两侧轮速传感器，如图 1-2-39 所示。

13）将左右两侧半轴插入轮毂花键中，如图 1-2-40 所示。

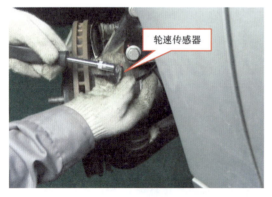
图 1-2-39　安装轮速传感器

图 1-2-40　安装半轴

14）安装左右两侧半轴螺母，如图 1-2-41 所示。

15）使用扭力扳手，按照规定力矩及旋转角度对半轴螺母进行紧固并用冲子将螺母上

图 1-2-41　安装半轴螺母

的锁片冲入半轴上的凹槽内，如图 1-2-42 所示。

16）安装左右两个车轮并用扭力扳手按规定力矩对车轮固定螺母进行紧固，如图 1-2-43 所示。

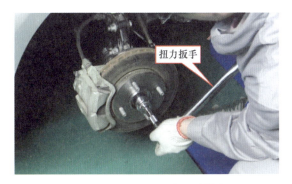

图 1-2-42　用扭力扳手紧固半轴螺母

图 1-2-43　安装车轮紧固螺母

17）安装电机控制器与驱动电机之间的高压直流线束及高压三相交流线束，如图 1-2-44 所示。

18）安装电机控制器与驱动电机之间的低压信号线束，如图 1-2-45 所示。

图 1-2-44　安装高压线束

图 1-2-45　安装低压线束

19）添加与原车同型号冷却液至合适高度，如图 1-2-46 所示。

图 1-2-46　添加冷却液

至此，EV160 纯电动汽车的驱动电机及减速器总成更换过程完成。

1. 驱动电机系统是纯电动汽车三大核心部件之一，是车辆行驶的主要执行机构，其特性决定了车辆的主要性能指标，直接影响车辆动力性、经济性和驾乘感受。

2. 驱动电机系统由驱动电动机、驱动电机控制器构成，通过高低压线束、冷却管路，与整车其他系统作电气和散热连接。

3. EV160 驱动电动机采用永磁同步电机，具有效率高、体积小、重量轻及可靠性高等优点。

任务工单1.2

任务名称	永磁同步电机更换	学时	4	班级	
学生姓名		学生学号		任务成绩	
实训设备、工具及仪器	北汽 EV160 纯电动汽车 4 台、组合工具 4 套、扭力扳手 2 把、托盘千斤顶 4 个、冲子 4 个。	实训场地	一体化教室	日期	
客户任务描述	小王在某新能源汽车4S店工作,今天接了一辆 EV160 纯电动汽车,经检查该车在行驶中存在异响,师傅告知小王需拆下电机及减速器。你知道如何安全、规范地将电机从车上拆装下来吗?				
任务目的	请根据任务要求,安全、规范地对永磁同步电机进行更换。				

一、资讯

1. 电机往往具有_____和_____两种功能,满足车辆在驱动行驶和_____等多种工作模式的需要。
2. 纯电动汽车用驱动电机应具有宽广的调速范围,包括_____和_____。
3. 在恒转矩区,要求低速运行时具有_____,以满足起步和爬坡的要求。
4. 在恒功率区,要求低转矩时具有_____,以满足汽车在平坦路面能够高速行驶。
5. 电机是指依据_____实现电能的生产、传输和使用的能量转换机械。
6. 电机按照运行的方式分为_____、_____和_____。
7. 电动汽车上使用的电机有_____、_____、_____和_____。
8. 永磁同步电机工作的电压和电流均为_____波形。
9. 永磁同步电机不需要_____,可节省动力电池的电力。
10. 开关磁阻电机结构_____,转子无_____,可允许较高温升。
11. 说明下图中各个部件之间的连接关系和作用。

_____
_____
_____
_____
_____
_____

二、计划与决策

请根据任务要求,确定所需要的仪器、工具,并对小组成员进行合理分工,制订详细的永磁同步电机更换计划。

1. 需要的仪器、工具

2. 小组成员分工

3. 电机更换计划

三、实施

1）按照规范进行下电操作。

2）拆下电机控制器_____插头,拆下电机控制器_____插头,拆下_____插头。

3）撬下_____,用_____冲开半轴螺母锁片。

4）拆下左右_____螺母,_____旋松左右前轮紧固螺母。

5）拆下左右前轮,拆下左右_____传感器。

6）拆下左右减振器与_____连接螺栓。

7）拔出_____,将_____固定,以免_____。

8）举升车辆,拆下_____,放掉冷却液,拔下电机上的_____。

9）拆下_____和_____。

10）拆下电机底部的_____,用_____顶住电机底部,避免电机两侧的_____受到的重力下垂影响拆卸。

11）拆下_____的固定螺栓,缓慢降下托盘千斤顶,注意不要遗漏_____,边降边观察_____,直至降到合适高度。通过上述过程,请总结更换电机过程中需要注意的事项:

① _____
② _____
③ _____

四、检查

更换永磁同步电机并进行如下检查:

1. 检查电机及减速器固定螺栓的拧紧力矩:_____。
2. 检查电机进出水管:_____。

3. 检查电机与其他部件的连接线束：_____。
4. 检查冷却液位：_____。

五、评估

1. 请根据自己任务完成的情况，对自己的工作进行自我评估，并提出改进意见。

1) _____

_____

2) _____

_____

3) _____

2. 工单成绩（总分为自我评价、组长评价和教师评价得分值的平均值）

自我评价	组长评价	教师评价	总分

学习单元1.3　感应电机检测

任务导入

小王在某新能源汽车4S店工作,今天接了一辆特斯拉MODELS纯电动汽车,经检查该车在行驶中存在异响,师傅告知小王需拆下电机及减速器进行检查。你知道如何安全、规范地对感应电机进行拆装和检测吗?

学习目标

1. 能根据故障现象选择合适的维修手册。
2. 能正确对交流感应电机进行拆卸及安装。
3. 能根据维修手册对感应电机进行检测。
4. 能正确对高压部件进行安全防护拆装。

理论知识

1.3.1　感应电机基本概念

在20世纪80年代之前,电动车的原型机中多使用直流电机,其特性非常适合道路负载并且控制简单。然而,体积大和需要维护的特点限制了其在电动车乃至电机驱动领域的应用。现代电动汽车中大都采用交流电机,包括感应电机、永磁电机和开关磁阻电机。

其中,感应电机技术非常成熟,过去半个世纪在感应电机驱动方面进行了大量的研究和开发工作。感应电机是目前工业中应用十分广泛的一类电机,其特点是定、转子由硅钢片叠压而成,两端用铝盖封装,定子、转子之间没有互相接触的机械部件,结构简单,运行可靠耐用,维修方便。感应电机转子如图1-3-1所示。

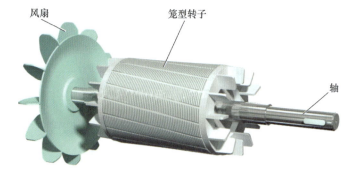

图1-3-1　感应电机转子

由于感应电机的转子上没有永磁体,也无需换向器、电刷,使得感应电机具有结构简单、制造方便,成本低、可靠性好等优点,感应电机的控制也较为成熟。

感应电机的转子上没有线圈，也没有永磁体，结构简单坚固，耐高温能力强，不需要维护。

感应电机与同功率的直流电机相比效率更高，质量约轻了二分之一左右。如果采用矢量控制的控制方法，可以获得与直流电机相媲美的可控性和更高的调速范围。由于感应电机有着效率高、比功率大、适合于高速运转等优势，它在目前大功率电动汽车上应用较广。

感应电机在高速运转时，电机转子发热严重，工作时要保证电机冷却，同时感应电机的驱动和控制系统较复杂，运行时还需要变频器提供额外的无功功率来建立磁场，故相比永磁同步电机和开关磁阻电机，感应电机的效率和功率密度偏低，不是能效最优化的选择。

感应电机在新能源汽车上应用较多的地区是美国，这被认为和路况有关。在美国，高速公路具有一定的规模，除了大城市外，汽车一般以一定的高速持续行驶，所以高速运转而且在高速时有较高效率的感应电机得到了广泛应用。

在电动汽车发展的早期，很多电动汽车都是采用直流电动机方案，主要是看中了直流电机的产生成熟，控制方式容易，调速优良的特点。但由于直流电机本身的短板非常突出，其自身复杂的机械结构（电刷和机械换向器等），制约了它的瞬时过载能力和电机转速的进一步提高；而且在长时间工作的情况下，电机的机械结构会产生损耗，提高了维护成本。此外，电机运转时的电刷火花会使转子发热，浪费能量，散热困难，还会造成高频电磁干扰，这些因素都会影响具体整车性能。由于直流电机的缺点非常突出，目前电动汽车已经将直流电机淘汰。

1.3.2 感应电机的组成结构

感应电机由定子和转子两个基本部分组成，如图 1-3-2 所示。

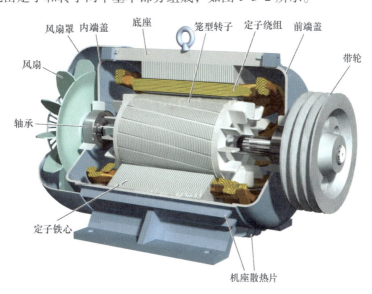

图 1-3-2 感应电机的结构

1. 定子

定子在空间静止不动，主要由定子铁心、定子绕组、机座和底脚等部分组成。

（1）定子铁心 定子铁心呈圆筒状，装入机座内，它是电机主磁通磁路的一部分，如

图1-3-3所示。为了减小铁心损耗,它是由厚度为0.5mm,片间用绝缘漆绝缘的硅钢片叠装压紧而成。定子铁心圆周内表面沿轴向有均匀分布的直槽,用以嵌放定子绕组。为了增加散热面积,当定子铁心比较长时,沿轴线方向上每隔一定距离有一条通风沟。

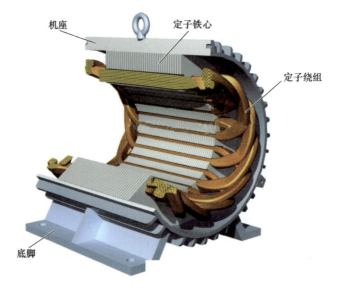

图1-3-3 感应电机定子

(2)定子绕组 定子绕组由在空间相差120°电角度,对称排列的结构完全相等的三相绕组组成。为了产生多对磁极的旋转磁场,每相绕组可以由多个线圈串联组成。每相绕组的各个导体按照一定的规律分散嵌放在定子铁心槽内。三相定子绕组要与交流电源相接。为此,将三相定子绕组的首、末端都引到固定的电动机外壳的接线盒上。

(3)机座 机座通常由铸钢或铸铁组成,是整个电机的支撑部分。为了加强散热能力,其外表面有散热筋。

2. 转子

转子是电动机的旋转部分,转子由转子铁心和转子绕组组成。

(1)转子铁心 转子铁心是电动机主磁通的一部分。转子铁心固定在转轴上,可绕轴转动。与定子铁心一样,转子铁心也是由0.5mm厚的硅钢片冲压而成。转子外表面分布有冲槽,槽内安放转子绕组,如图1-3-4所示。

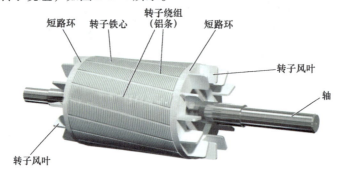

图1-3-4 感应电机转子铁心

（2）转子绕组　转子绕组是自成闭路的短路线圈。转子绕组不需外接电源供电，其电流是由电磁感应作用产生的。它有两种结构形式：笼型转子和绕组型转子。

笼型转子是在铁心槽内放置铜条，铜条两端用铜制短路环焊接起来，如图1-3-5所示。

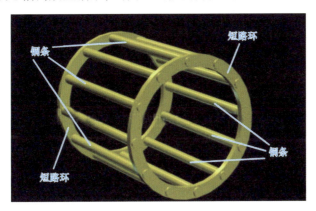

图1-3-5　笼型感应电机转子绕组

如果将定子铁心去掉，转子绕组的形状如鼠笼，故称为笼型转子。现在，中、小型笼型电机的转子一般都采用铸铝转子，采用压力浇铸或离心浇铸的方法将转子槽中的导体、短路环以及端部的风扇铸造在一起，与转子铁心形成一个整体。笼型转子的优点是结构简单、价格便宜、运行安全可靠、使用方便等，已成为使用最广泛的电机。

绕线式转子的绕组与定子绕组一样，也是三相对称绕组，按一定规律嵌放在转子表面的冲槽内。转子绕组通常接成星形，其三个末端连在一起，埋设在转子内，而三个首端则连接到装在转轴一端的三个铜制集电环上，如图1-3-6所示。

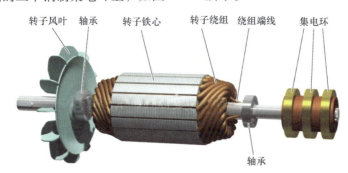

图1-3-6　绕线式感应电机转子

三个集电环之间，以及它们与转轴之间都是彼此绝缘的。集电环与固定在端盖上的电刷架内的电刷滑动接触。三相绕组的首端就通过这种电刷、集电环结构与外部变阻器相连接。绕线电机的组成如图1-3-7所示。

为了保证转子能够自由旋转，在定子与转子之间必须留在一定的空气隙。中小型电机的空气隙在0.2~1.5mm之间。气隙的大小对感应电机的运行有很大影响。气隙越小，则磁路中的磁阻越小，定子与转子之间的互相感应作用就越好，可以降低电机的励磁电流，提高电机的功率因数。但是气隙过小，会对电机的装配带来困难，对定转子的同心度要求也会很高，并导致运行不可靠。

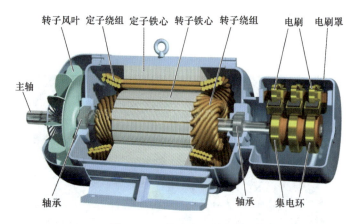

图 1-3-7 绕线电机的组成

1.3.3 感应电机工作原理

1. 基本原理

感应电机的工作原理，如图 1-3-8 所示。

（1）演示实验 在装有手柄的蹄形磁铁的两极间放置一个闭合导体，当转动手柄带动蹄形磁铁旋转时，发现导体也跟着旋转，若改变磁铁的转向，则导体的转向也跟着改变。

（2）现象解释 当磁铁旋转时，磁铁与闭合的导体发生相对运动，笼式导体切割磁力线而在其内部产生感应电动势和感应电流。感应电流又使导体受到一个电磁力的作用，于是导体就沿磁铁的旋转方向转动起来，这就是感应电机的基本原理。

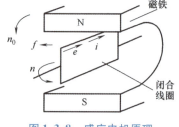

图 1-3-8 感应电机原理

（3）结论 欲使感应电机旋转，必须有旋转的磁场和闭合的转子绕组。

2. 旋转磁场

（1）旋转磁场的产生 图 1-3-9 所示为最简单的三相定子绕组 AX、BY、CZ，它们在空间按互差 120°的规律对称排列。并接成星形与三相电源 U、V、W 相联。则三相定子绕组便通过三相对称电流，随着电流在定子绕组中通过，在三相定子绕组中就会产生旋转磁场。

$$\begin{cases} i_A = I_m \sin\omega t \\ i_B = I_m \sin(\omega t - 120°) \\ i_C = I_m \sin(\omega t - 240°) \end{cases} \quad (1\text{-}3\text{-}1)$$

当 $\omega t = 0°$ 时，$i_A = 0$，AX 绕组中无电流；i_B 为负，BY 绕组中的电流从 Y 流入 B 流出；i_C 为负，CZ 绕组中的电流从 C 流入 Z 流出；由右手螺旋定可得，合成磁场的方向向下，如图 1-3-10 所示。

当 $\omega t = 60°$ 时，i_B 为负，BY 绕组中电流从 Y 流入 B 流出；i_A 为正，AX 绕组中的电流从 A 流入 X 流出；$i_C = 0$，CZ 绕组中无电流；由右手螺旋定则可得合成磁场的方向顺时针旋转了 60°。

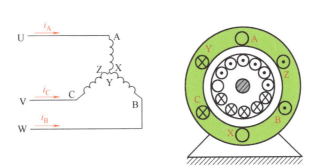

图 1-3-9 三相绕组电流方向

当 $\omega t = 90°$ 时，i_C 为负，CZ 绕组中电流从 Z 流入 C 流出；i_A 为正，AX 绕组中的电流从 A 流入 X 流出；i_B 为负，BY 绕组中电流从 Y 流入 B 流出；由右手螺旋定则可得合成磁场的方向逆时针旋转了 90°。

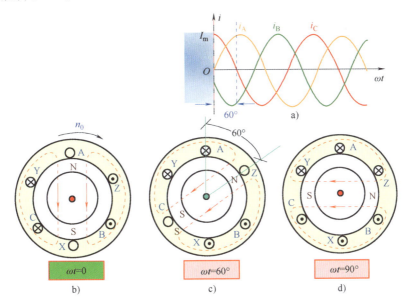

图 1-3-10 旋转磁场的产生

可见，当定子绕组中的电流变化一个周期时，合成磁场也按电流的相序方向在空间旋转一周。随着定子绕组中的三相电流不断地做周期性变化，产生的合成磁场也不断地旋转，因此成为旋转磁场。

（2）旋转磁场的方向　旋转磁场的方向是由三相绕组中电流相序决定的，若想改变旋转磁场的方向，只要改变通入定子绕组的电流相序，即将三根电源线中的任意两根对调即可。这时，转子的旋转方向也跟着改变。

（3）转子转矩的产生　三相对称绕组通过三相对称电流产生圆形旋转磁场，磁场在旋转过程中切割转子绕组。如图 1-3-11 所示，逆时针旋转的定子磁场切割转子绕组，相当于转子绕组顺时针切割定子磁场，根据右手定则，转子绕组产生如图所示感生电流，再根据左手定则可知转子绕组在磁场作用下受电磁力作用，形成电磁转矩，驱动电机旋转，受力方向为逆时针方向。

（4）感应电机的极数与转速

1）极数：感应电机的极数就是旋转磁场的极数。旋转磁场的极数和三相绕组的安排有关。

当每相绕组只有一个线圈，绕组的始端之间相差120°空间角时，产生的旋转磁场具有一对极，即 $p=1$。

当每相绕组为两个线圈串联，绕组的始端之间相差60°空间角时，产生的旋转磁场具有两对极，即 $p=2$。如图所示，AX 与 A′X′ 是 U 相上的两个串联线圈，BY 与 B′Y′ 是 V 相上的两个串联线圈，CZ 与 C′Z′ 是 W 相上的两个串联线圈，如图 1-3-12 所示。

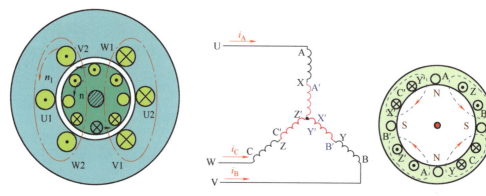

图 1-3-11　转子转矩的产生　　　图 1-3-12　双极电机绕组电流方向

同理，如果要产生三对极，即 $p=3$ 的旋转磁场，则每相绕组必须有均匀安排在空间的串联的三个线圈，绕组的始端之间相差40°空间角。极数 p 与绕组的始端之间的空间角 θ 的关系为

$$\theta = \frac{120°}{p}$$

2）转速：感应电机旋转磁场的转速 n_0 与电动机磁极对数 p 有关，它们的关系是

$$n_0 = \frac{60f_1}{p} \qquad (1\text{-}3\text{-}2)$$

由式（1-3-2）可知，旋转磁场的转速 n_0 决定于电流频率 f_1 和磁场的极数 p。所以，当三相输入的电角度改变60°时，定子旋转磁场仅旋转30°，为 $p=1$ 时的一半，如图 1-3-13 所示。

3）转差率：电机转子转动方向与磁场旋转的方向相同，但转子的转速 n 不可能达到与旋转磁场的转速 n_0 相等，否则转子与旋转磁场之间就没有相对运动，因而磁力线就不切割转子导体，转子电动势、转子电流以及转矩也就不存在了。所以，旋转磁场与转子之间存在转速差，因此又把这种电机成为异步电机，又因为这种电机的转动原理是建立在电磁感应基础上的，故称为感应电机。

旋转磁场的转速 n_0 常称为同步转速。

转差率 S 用来表示转子转速 n 与磁场转速 n_0 相差的程度的物理量。即

$$S = \frac{n_0 - n}{n_0} = \frac{\Delta n}{n_0} \qquad (1\text{-}3\text{-}3)$$

转差率是感应电机的一个重要的物理量。感应电机启动时 $n=0$，$S=1$；$n=n_0$ 时，$S=0$；额定工况下一般 $S=1.5\%\sim6\%$。

3. 机械特性

在一定的电源电压和转子电阻下，感应电机的转矩 T 与转差率 n 之间的关系曲线称为电机的特性曲线，如图 1-3-14 所示。

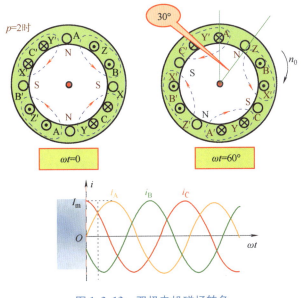

图 1-3-13 双极电机磁场转角　　图 1-3-14 感应电机机械特性曲线

（1）额定转矩 T_N　额定转矩 T_N 是感应电机带额定负载时，转轴上的输出转矩。n_N 为额定转矩时的输出转速。

（2）最大转矩 T_{max}　T_{max} 又称为临界转矩，是电机可能产生的最大电磁转矩，它反映了电机的过载能力。

最大转矩 T_{max} 与额定转矩 T_N 之比称为电动机的过载系数，一般三相感应电机的过载系数为 $1.8\sim2.2$。

在选用电机时，必须考虑可能出现的最大负载转矩，根据所选电机的过载系数算出电机的最大转矩，它必须大于最大负载转矩，否则，就是重选电机。

（3）起动转矩 T_{st}　T_{st} 为电机起动初始瞬间的转矩，即 $n=0$，$S=1$ 时的转矩。

为确保电机能够带额定负载起动，必须满足：$T_{st}>T_N$，一般的感应电机 $T_{st}/T_N=1\sim2.2$。

1.3.4 感应电机在纯电动汽车上的应用

感应电机主要是以特斯拉为首的美国车企和部分欧洲车企使用，中国、日本在内的其他国家使用最广泛的新能源汽车电机仍是永磁同步电机，永磁同步电机在我国新能源汽车中的使用占比超过 90%。

特斯拉选择感应电机，一方面与特斯拉最初的技术路径选择有关，感应电机价格低廉，而偏大的体积对于美式车并无大碍；另一方面，美国高速路网发达，行车环境多为高速长途行驶，感应电机在高速区间效率性能上佳。图 1-3-15 所示为特斯拉 MODEL S 轿车。

特斯拉使用感应电机的优势如下：

1）感应电机应用在汽车上最大的缺陷是很难控制转子的旋转速度，随着半导体控制技术的发展，特斯拉已解决了这个问题。

2）感应电机能耐受大幅度的工作温度变化，相反，温度大幅度变化会损坏永磁电机。

3）感应电机的输出转矩可以在大范围内调整，无需安装第二套乃至第三套传动机构。特斯拉设计的电机转速能达到 6000r/min，并且能产生最高为 400N·m 的转矩，能在加速或爬坡时强制提高输出转矩，永磁电机的电动汽车要通过齿轮变速器输出更大的转矩提高加速能力。

4）由于感应电机对温度耐受范围大，特斯拉的电机不需要像其他电动车那样安装散热器、冷却风扇、水泵及相关管路等，也无需安装其余的传动机构，因此其电机的体积和重量大大缩小。特斯拉 MODELS 感应电机如图 1-3-16 所示。

图 1-3-15　特斯拉 MODEL S 轿车

图 1-3-16　特斯拉 MODEL S 感应电机

特斯拉 MODEL S 所采用的感应电机系统具有重量轻、效率高、结构紧凑的优点。特斯拉 MODEL S 性能参数见表 1-3-1。

表 1-3-1　特斯拉 MODEL S 性能参数

	60kWh	85kWh	85kWh 性能版
电池容量	60kWh	85kWh	85kWh 性能版
售价/美元	62400	72400	87400
车型	全尺寸四门运动轿车		
档位	单个固定档位，传动比 9.73:1		
电机	后置后驱，感应电机		
最大功率	225kW（5000~8000r/min）	270kW（6000~9500r/min）	310kW（5000~8600r/min）
峰值转矩	430N·m（0~5000r/min）	440N·m（0~5800r/min）	600N·m（0~5100r/min）
0~96km/h 加速/s	5.9	5.4	4.2
续驶里程（特斯拉测定）/km	370	480	
续驶里程（美国环保部测定）/km	335	426	
最高速度/(km/h)	193	201	209
电池保修	8 年 12.5 万英里	8 年不限里程	
超级充电站	2000 美元	终身免费	

1.3.5 感应电机的调速与制动

1. 感应电机调速

调速就是同一负载下能得到不同的转速，以满足生产过程的要求。

调速的方法：

由
$$S = \frac{n_0 - n}{n_0} \tag{1-3-4}$$

可得
$$n = (1-S)n_0 = (1-S)\frac{60f}{p} \tag{1-3-5}$$

可见，可通过三个途径进行调速：改变电压频率 f，改变磁极对数 p，改变转差率 S。前两者是笼式电机的调速方法，后者是绕线式电动机的调速方法。

（1）变频调速　此方法可获得平滑且范围较大的调速效果，且具有硬的机械特性；但需有专门的变频装置——由晶闸管整流器和晶闸管逆变器组成，设备复杂，成本较高，应用范围不广。

（2）变极调速　此方法不能实现无级调速，但它简单方便，常用于金属切割机或其他生产机械上。

（3）转子电路串电阻调速　在绕线式感应电机的转子电路中，串入一个三相调速变阻器进行调速。

此方法能平滑地调节绕线式电机的转速，且设备简单、投资少；但变阻器增加了损耗，故常用于短时调速或调速范围不太大的场合。

以上可知，感应电机的各种调速方法都不太理想，所以感应电机常用于要求转速比较稳定或调速性能要求不高的场合。

2. 感应电机的制动

制动是给电机一个与转动方向相反的转矩，促使它在断开电源后很快地减速或停转。

对电机制动，就是要求它的转矩与转子转动方向相反，这时的转矩成为制动转矩。

常见的电气制动方法有：

（1）反接制动　当电机快速转动而需停转时，改变电压相序，使转子受一个与原转动方向相反的转矩而迅速停转。当转子转速接近零时，应及时切断电压，以免电机反转。

为了限制电流，对功率较大的电机进行制动时，必须在定子电路或转子电路中接入电阻。

这种方法比较简单，制动力强，效果较好，但制动过程中的冲击也强烈，易损坏传动器件，且能量消耗较大，频繁反接制动会使电机过热。

（2）能耗制动　电机脱离三相电源的同时，给定子绕组接入一直流电源，使直流电流通入定子绕组。于是在电机中便产生一方向恒定的磁场，使转子受一与转子转动方向相反的力（F）的作用，于是产生制动转矩，实现制动。

直流电流的大小一般为电机额定电流的 0.5~1 倍。

由于这种方法是用消耗转子的动能（转换为电能）来进行制动的，所以称为能耗制动。

这种制动能量消耗小，制动准确而平稳，无冲击，但需要直流电流。

（3）发电反馈制动　当转子的转速 n 超过旋转磁场的转速 n_0 时，这时的转矩也是制动的。

如：当起重机快速下放重物时，重物拖动转子，使其转速大于定子旋转磁场转速，重物受到制动而等速下降。

1.3.6 感应电机检修

安全注意事项：因驱动电机由高压供电工作，所以应做好高压安全防护。

当举升车辆，操作人员位于车辆底部时，应穿戴绝缘头盔、绝缘手套、绝缘鞋和护目镜。

当插拔驱动电机相关高压线束时，应按正确操作规范先进行下电操作，再进行其他相关操作，应穿戴绝缘头盔、绝缘手套、绝缘鞋和护目镜。

电机故障集电气与机械于一体，在征兆的表现上呈多样性，既有机械故障的一般特性，也有电气、磁场等故障特性。长期以来，人们通过大量的故障结果分析发现，电机故障按其原因分，70％左右源于机械故障（主要是轴承故障），30％源于电气故障（主要是绕组故障）。

1. 机械故障

常见的故障有扫膛、振动、轴承过热、损坏等故障。

1）一般由于轴承严重超差及端盖内孔磨损或端盖止口与机壳止口磨损变形，使电机壳、端盖、转子三者不同轴心引起扫膛，如图1-3-17所示。

2）振动多数是由于转子动平衡不好，以及轴承不良，转轴弯曲，端盖、机壳与转子不同轴心，紧固件松动等造成。振动不但会产生噪声，还会产生额外负荷。

3）轴承过热多数是由于轴承的配合太紧或太松，轴承损坏等。

2. 电气故障

常见的电气故障有电压不正常、绕组绝缘故障、绕组短路、绕组断路、断相运行等。

1）电压电压偏高会使励磁电流增大，导致电机过热，过高的电压会危及电机的绝缘，使其有被击穿的危险。电压过低，电磁转矩会大大降低，相同负载下导致电机转速下降。三相绕组电压不对称，即一相电压偏高或偏低时，会导致某相电流过大，电机发热而损坏绕组。

图1-3-17　电机扫膛

2）绕组绝缘受到损坏，使绕组的导体与铁芯或机壳质检相碰即为绕组绝缘故障。电机绝缘故障时容易产生触电危险。

3）绕组短路故障。绕组中相邻两条导线之间的绝缘损坏后，使两导体相碰，就称为绕组短路。发生在同一绕组中的绕组短路称为匝间短路（图1-3-18），发生在两相绕组之间的绕组短路称为相间短路（图1-3-19）。无论哪种短路，都会引起某一相或两相电流增加，引起局部过热，使绝缘老化损坏电机。

图1-3-18　匝间短路

图1-3-19　相间短路

4）绕组断路故障。绕组断路是指电机的定子或转子绕组碰断或烧断造成的故障。

5）电机断相运行故障。永磁同步电机在运行过程中，断了一相绕组就会形成断相运行。如果电机的负载没有改变，则电机处于严重过载状态，定子电流将达到额定值的二倍甚至更高，时间稍长电机就会烧毁。

3. 电机故障检查方法

（1）听　认真细听电机的运行声音是否异常。可将车辆举升，使驱动电机运转，借助螺钉旋具或听棒等辅助工具，贴近电机两端听，以便发现电机是否存在不良振动。

（2）闻　通过闻电机的气味也能判断故障。若发现有特殊的油漆味，说明电机内部温度过高，若发现较重的糊味，则可能是绝缘层被击穿或绕组已烧毁。

（3）摸　摸电机一些部位的温度也可判断故障原因。用手背去碰触电机外壳、轴承周围部分，若发现温度异常，其原因可能为散热不良、电机过载、定子绕组匝间短路或三相电流不平衡，若轴承周围温度过高，则可能是轴承损坏。

（4）绝缘电阻测量　使用绝缘电阻表或绝缘测试仪的500V档位测量电机三相绕组引出线与机壳之间的绝缘电阻，正常情况下应大于500Ω/V或电机整体绝缘电阻大于2MΩ表明电机绝缘良好。电机定子绕组绝缘故障如图1-3-20所示。

因绝缘故障会导致触电事故，所以新能源汽车车载诊断系统对绝缘故障均有良好的检测与报警功能。当车辆高压系统出现绝缘故障时，组合仪表会提示车辆存在严重故障或标明绝缘故障。

（5）使用电桥箱或万用表检测定子绕组电阻　使用万用表笔逐个测量电机三相绕组输出线中任意两根输出线电阻（图1-3-21），若一组的被测电阻与其他两组存在差别，则定子绕组存在短路的可能。

20kW 以上功率的感应电机，其定子绕组电阻很小，应该用电桥对其进行测量，如图 1-3-22 所示。

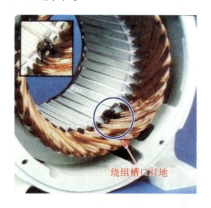

图 1-3-20　电机定子绕组绝缘故障

图 1-3-21　万用表测量绕组电阻

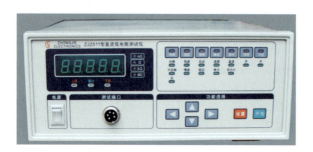

图 1-3-22　电桥测量仪

1. 感应电机的转子上没有线圈绕组，也没有永磁体，结构简单坚固，耐高温能力强，不需要维护。

2. 定子绕组由在空间相差 120°电角度，对称排列的结构完全相等的三相绕组组成。为了产生多对磁极的旋转磁场，每相绕组可以由多个线圈串联组成。

3. 旋转磁场的方向是由三相绕组中电流相序决定的，若想改变旋转磁场的方向，只要改变通入定子绕组的电流相序，即将三根电源线中的任意两根对调即可。

任务工单 1.3

任务名称	感应电机检测		学时	4	班级	
学生姓名			学生学号		任务成绩	
实训设备、工具及仪器	感应电机 4 个，万用表 4 个，电桥测试仪 4 台，XK-XNY-DJJP1 型电机结构展示柜 1 个。		实训场地	一体化教室	日期	
客户任务描述	小王在某新能源汽车 4S 店工作，今天接了一辆特斯拉 MODELS 纯电动汽车，经检查该车在行驶中存在异响，师傅告知小王需拆下电机及减速器进行检查。你知道如何安全、规范的将感应电机进行拆装和检测吗？					
任务目的	请根据任务要求，安全、规范地检测感应电机。					

一、资讯

1. 感应电机特点是定、转子由硅钢片_____而成，两端用铝盖封装，定、转子之间没有互相接触的_____，结构简单，运行_____，维修方便。
2. 感应电机的转子上没有_____，也无需_____、电刷，使得感应电机具有结构简单，制造方便，成本低、_____好等优点。
3. 感应电机在高速运转时，电机转子_____，工作时要保证电机_____，同时感应电机的驱动和控制系统较复杂。
4. 相比永磁同步电机和开关磁阻电机，感应电机的_____和_____偏低，不是能效最优化的选择。
5. 定子在空间静止不动，主要由_____、_____、机座和底脚等部分组成。
6. 定子铁心呈圆筒状，装入机座内，它是电机_____磁路的一部分。
7. 定子绕组由在空间相差_____电角度，_____排列的结构完全相等的三相绕组组成。
8. 转子绕组是自成闭路的_____。转子绕组不需外接_____，其电流是由电磁感应作用产生的。它有两种结构形式：_____和绕组式转子。
9. 当磁铁旋转时，磁铁与_____的导体发生_____，_____切割磁力线而在其内部产生_____和感应电流。
10. 旋转磁场的方向是由三相绕组中_____相序决定的，若想改变旋转磁场的方向，只要改变通入定子绕组的_____，即将三根电源线中的_____对调即可。
11. 说明下图中双极电机绕组电流方向和工作状态。

_____
_____
_____
_____

二、计划与决策

请根据任务要求，确定所需要的仪器、工具，并对小组成员进行合理分工，制订详细的检测感应电机计划。

1. 需要的仪器、工具

2. 小组成员分工

3. 感应电机检测计划

三、实施

1）因驱动电机由高压供电工作，所以应做好_____。
2）机械方面常见的故障有_____、振动、轴承_____、损坏等故障。
3）一般由于轴承及端盖内孔_____或端盖止口与机壳止口_____，使电机壳、端盖、转子三者_____引起扫膛。
4）振动多数是由于转子_____不好，以及_____，转轴弯曲，端盖、机壳与转子_____，紧固件松动等造成。振动不但会产生_____，还会产生_____。
5）电气故障常见的有_____、绕组绝缘故障、_____、绕组断路、_____运行等。
6）电压电压偏高会使增大，导致电机，过高的电压会危及电机的_____，使其有被击穿的危险。
7）三相绕组电压_____，即一相电压_____或偏低时，会导致_____过大，电机发热而损坏绕组。
8）绕组绝缘受到损坏，使绕组的导体与或机壳质检相碰即为_____。电机绝缘故障时容易产生_____。
9）绕组短路故障，绕组中相邻两条导线之间的_____损坏后，使两导体相碰，就称为_____。
10）绕组断路是指电机的定子或转子绕组_____或_____造成的故障。
11）使用万用表笔挨个测量电机三相绕组输出线中_____输出线电阻，若一组的被测电阻与_____存在差别，则定子绕组存在短路的可能。

通过上述过程，请总结感应电机检测过程中需要注意的事项：
1）_____
2）_____
3）_____

四、检查

检测感应电机并进行如下检查：
1. 检查感应电机绕组电阻：_____。
2. 检查感应电机工作温度：_____。
3. 检查感应电机运行的声音：_____。

五、评估

1. 请根据自己任务完成的情况,对自己的工作进行自我评估,并提出改进意见。

 1) _____

 _____

 2) _____

 _____

 3) _____

 _____

2. 工单成绩(总分为自我评价、组长评价和教师评价得分值的平均值)

自我评价	组长评价	教师评价	总分

学习单元1.4　开关磁阻电机检测

任务导入

小王在某新能源客车维修站工作，今天接了一辆纯电动大客车，经检查该车在行驶中存在异响，师傅告知小王需拆下电机及减速器。你知道如何安全、规范地对电机拆装和检测吗？

学习目标

1. 能根据故障现象选择合适的维修手册。
2. 能正确将开关磁阻电机从车身上拆卸及安装。
3. 能根据维修手册将拆卸电机所需的其他部件进行拆卸。
4. 能正确对高压部件进行安全防护拆装。

理论知识

1.4.1　开关磁阻电机基本概念

1. 开关磁阻电机控制系统

开关磁阻电机控制系统（Switched Reluctance Motor Drive System，简称SRD）主要由四部分组成：开关磁阻电机、功率变换器、控制器及位置检测器，如图1-4-1所示。

开关磁阻电机是SRD系统中实现能量转换的部件，也是SRD系统区别于其他电动机驱动系统的主要标志。其定、转子的凸极均由普通硅钢片叠压而成，且定子、转子极数不同。定子上装有简单的集中绕组，转子只由叠片构成，没有绕组和永磁体。

功率变换器向SR电机提供运转所需的能量，由蓄电池或交流电整流后得

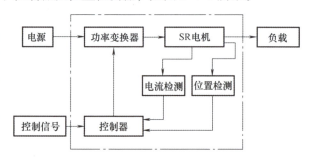

图1-4-1　开关磁阻电机控制系统

到的直流电供电。控制器是系统的中枢。它综合处理速度指令、速度反馈信号及电流传感器、位置传感器的反馈信息，控制功率变换器中主开关器件的工作状态，实现对SR电机运行状态的控制。位置传感器是SRD不可缺少的一部分，由它提供控制器转子位置信息，保证在合适的时刻接通或断开。

2. 开关磁阻电机控制系统的优点

（1）开关磁阻电机结构简单、成本低、适合于高速运行　开关磁阻电机的结构比其他电机都要简单，其突出的优点是转子上没有绕组，可以用于超高速运转（10 000r/min以

上）。定子只有几个集中绕组，制造简单，绝缘容易，易于冷却。

（2）电机各相独立工作，系统可靠性高　电机各相绕组和磁路相互独立，各自在一定轴角范围内产生电磁转矩，而不像其他电机必须在各相绕组和磁路共同作用下产生圆形磁场。在控制器结构方面，各相电路各自给一相绕组供电，互相独立工作，还可以断相运行并具有再生制动作用。因此开关磁阻电机调速系统可靠性很高，适用于一些特殊场合，如航天领域、潜艇动力。

（3）功率电路简单可靠　开关磁阻电机转矩方向只与各相通电顺序有关，而和绕组电流的方向无关。只要控制主开关器件的导通关断角度，便可改变电动机的工作状态，即只要控制各相在不同电感区域内的瞬时电流，电路不会出现直通故障，可靠性高。

（4）起动转矩高，起动电流小　从电源吸收较少的起动电流，能得到较大的起动转矩是开关磁阻电机调速系统的一大特点。典型产品的数据是：起动电流为15%额定电流时获得起动转矩为100%的额定转矩；起动电流为额定值的30%时，起动转矩可达额定值的150%。非常适合需要重载起动和较长时间低速运行的机械，如电动车辆。

（5）可控参数多，调速性能好　开关磁阻电机的控制参数有开通角、关断角、电压等。控制灵活方便，可以根据对电机的运行要求和电机的情况，采用不同控制方法和参数值，既可以使之运行于最佳状态（如最大出力、效率最高等），还可以实现各种不同要求的转矩—速度特性曲线。

（6）适用于频繁起动、停车及正反转运行　开关磁阻电机调速系统具有高起动转矩、低起动电流的特点，在起动过程中电流冲击小，电机发热小，易于加减速。可控参数多使之能在制动运行同电动运行具有同样优良的转矩输出能力。适用于频繁起动、停车以及正反转运行，次数可达1000次/h。

（7）效率高，损耗小　开关磁阻电机控制系统的电机转子上无绕组，没有铜损，可控参数多，灵活方便，易于在宽转速范围和不同负载下实现高效优化控制，其系统效率在很宽范围内都在87%以上。

3. 开关磁阻电机的缺点

以上各种优点使开关磁阻电机控制系统在电动车运用上有很大的发展潜力。但由于开关磁阻电机为双凸极结构，不可避免地存在转矩脉动，噪声是开关磁阻电机存在的最主要的缺点。

1）由于是磁阻式电机，其能量转换密度低于电磁式电动机。

2）转矩脉动较大，通常开关磁阻电机转矩脉动的典型值为15%上下。由转矩脉动所导致的噪声及谐振问题也较为突出。

3）电机相数越多，所需功率器件越多。

4）需要位置检测，增加了系统的复杂性和成本，降低其可靠性。

1.4.2　开关磁阻电机结构

1. 开关磁阻电机结构特点

1）定子和转子均为凸极结构，如图1-4-2所示。

2）定子上空间相对的两个极上的线圈串联或并联构成一相绕组。

3）定子集中绕组、绕组为单方向通电。

4）转子上无绕组。

5）最常见的组合为6/4极（6个定子凸极与4个转子凸极）、8/6极或12/8极。

2. 开关磁阻电机结构

（1）双凸极结构　开关磁阻电机的工作原理遵循磁阻最小原理，即磁通总是要沿着磁阻最小路径闭合。因此，它的结构原则是转子旋转时磁路的磁阻要有尽可能大的变化。所以，开关磁阻电机采用凸极定子和凸极转子的双凸极结构，并且定转子极数不同。与普通电机一样，转子与定子之间有很小的缝隙，转子可在定子内自由转动。双凸极结构如图1-4-3所示。

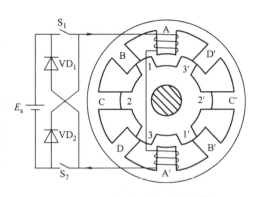

图1-4-2　开关磁阻电机基本结构

（2）定子　开关磁阻电机的定子铁心有六个凸极，由导磁良好的硅钢片冲压后叠加而成。定子凸极如图1-4-4所示。

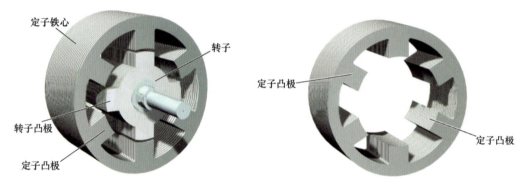

图1-4-3　双凸极结构　　　　　　　图1-4-4　定子凸极

（3）转子　开关磁阻电机的转子铁心有四个凸极，由导磁良好的硅钢片冲制后叠压而成。转子凸极如图1-4-5所示。

（4）定子绕组　在定子凸极上绕有线圈，是向开关磁阻电机提供工作磁场的励磁绕组，如图1-4-6所示。

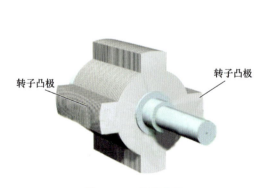
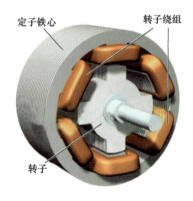

图1-4-5　转子凸极　　　　　　　图1-4-6　开关磁阻电机定子绕组

在转子上没有线圈，这是开关磁阻电机的主要特点。在讲电动机工作原理时常用通电导体在磁场中受力来解释电动机旋转的原理，但开关磁阻电机转子上没有线圈，也无"鼠笼"，那靠什么力来推动转子转动呢？开关磁阻电机是利用磁阻最小原理，也就是磁通总是沿磁阻最小的路径闭合，利用凸极间的吸引力拉动转子旋转。开关磁阻电机的结构如图1-4-7所示。

图1-4-7　开关磁阻电机结构

1.4.3　开关磁阻电机工作原理

电机可以根据转矩产生的机理粗略地分为两大类：一类是由电磁作用原理产生转矩；另一类是由磁阻变化原理产生转矩。

在第一类电机中，运动是定、转子两个磁场相互作用的结果。这种相互作用产生使两个磁场趋于同向的电磁转矩，这类似于两个磁铁的同极性相排斥、异极性相吸引的现象。目前，大部分电机都是遵循这一原理，例如一般的直流电机和感应电机。

第二类电机，运动是由定、转子间气隙磁阻的变化产生的。当定子绕组通电时，产生一个单相磁场，其要遵循"磁阻最小原则"，即磁通总是要沿着磁阻最小的路径闭合。因此，当转子轴线与定子磁极的轴线不重合时，便有磁阻力作用在转子上并产生转矩使其趋向于磁阻最小的位置。即两轴线重合位置，这类似于磁铁吸引铁质物质的现象。开关磁阻电机就是属于这一类型的电机。

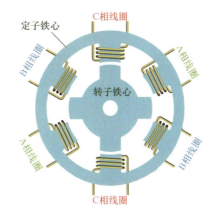

三相6/4结构开关磁阻电机工作原理：定子六个凸极上绕有线圈，径向相对的两个线圈连接在一起，组成一相。该电机有三相，其定子上有6个凸极，转子上有4个凸极，称该电机为三相6/4结构开关磁阻电机，如图1-4-8所示。A、B、C三相线圈连接的并非三相交流电，而是受开关控制的直流电。

图1-4-8　6/4结构开关磁阻电机绕组状态

A相、B相、C相线圈由开关控制电流通断，如图1-4-9所示，红色的线圈为通电线圈，黄色的线圈没有电流通过；通过定子与转子的深蓝色线是磁力线；约定转子起动前的转角位0°。

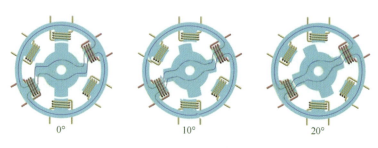

图 1-4-9　开关磁阻电机工作状态

A 相线圈接通电源产生磁通，磁力线从最近的转子凸极通过转子铁心，磁力线可看成极富弹力的线，在磁力的牵引下，转子开始逆时针转动；磁力一直牵引转子转到 30°为止，到了 30°转子不再转动，此时磁路最短。

为了使转子继续转动，在转子转到 30°前已切断 A 相电源，在 30°时接通 B 相电源，磁通从最近的转子凸极通过转子铁心，于是转子继续转动，磁力一直牵引转子转到 60°为止，如图 1-4-10 所示。

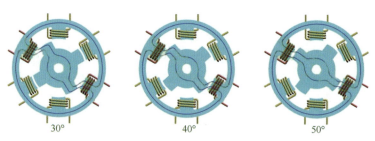

图 1-4-10　开关磁阻电机工作状态

在转子转到 60°前切断 B 相电源，在 60°时接通 C 相电源，磁通从最近的转子凸极通过转子铁心，转子继续转动，磁力一直牵引转子转到 90°为止，如图 1-4-11 所示。

图 1-4-11　开关磁阻电机工作状态

当转子转到 90°前切断 C 相电源，转子在 90°的状态与前面 0°开始时一样，重复前面过程，接通 A 相电源，转子继续转动，这样不停地重复下去，转子就会不停地旋转。这就是开关磁阻电机的工作原理。

1.4.4　功率变换器

功率变换器是开关磁阻电机的电压接口，通过开关晶体管向线圈供电，如图 1-4-12 所示。BG_1、BG_2、BG_3 是三个开关晶体管，分别控制三相线圈 A、B、C 的电流通断，三个开关晶体管旁边并联的二极管是用来续流的。续流二极管由于在电路中起到续流的作用而得名。续流二极管经常与储能元件一起使用,防止电压电流突变,提供通路。电感可以经过它给负载提供持续的电流,以免负载电流突变,起到平滑电流的作用。在开关电源中,一般都有一个由二极管和电阻串联起来构成的续流电路。当开关管关断时,续流电路可以释放掉变压器线圈中储存的能量,防止感应电压过高,击穿开关管。

由于电机靠磁阻工作,跟磁通方向无关,即跟电流方向无关,所以在图中没有标明磁力线的方向。A、B、C各相线圈轮流通电显得简单,实际情况更复杂些,线圈切断电源后产生的自感电流不会立即消失,要提前关断电源进行续流;为加大力矩相邻线圈流过电流的时间会有部分重合;调节电机的转速、转矩也要调整开关时间,各相线圈开通与关断时间与转子定子间的相对位置直接相关,故电机还装有转子位置检测装置为准时开关各相线圈电流提供依据,何相线圈何时通断必须根据转子转到的位置与控制参数决定,这些都需要控制器对功率变换器进行控制,控制器由微处理器与接口电路组成。

由于开关磁阻电机绕组电流是单向的,其功率变化器主电路不仅结构较简单,而且相绕组与主开关器件是串联的,因而可预防短路故障。开关磁阻电机功率变换器主电路的结构形式与供电电压、电机相数以及主开关器件的种类等有关。常见的功率变换器电路如图1-4-13所示。

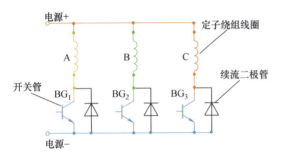

图1-4-12 驱动电机系统

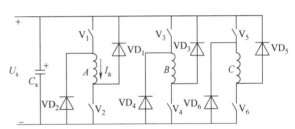

图1-4-13 开关磁阻电机功率变换器

该系统所采用的是不对称半桥型三相开关磁阻电机功率变换器主电路。以A相为例,每相有两个主开关管V_1和V_2及续流二极管VD_1和VD_2。上下两只主开关管V_1、V_2同时导通时,电压加至A相绕组两端,产生相电流I_a,此时电能转换为磁场能量;当V_1和V_2关断时,A相绕组产生的反电动势极性如图1-4-13所示,绕组参与电流I_a很快减小至零,绕组磁链迅速衰减;当V_1开通而关断时,绕组参与电流I_a经绕组→VD_1—V_1→绕组形成回路,此时加在绕组上的电压为零电压,电流续流时间较长,绕组磁链衰减缓慢,无能量返回电源。

由于每相绕组有两个主开关管,故关断时可以采用同时关断两个主开关管的能量回馈方式,或者采用仅关断一个主开关管的无能量回馈方式,进而使控制方式更加灵活。

这种不对称半桥型电路具有如下的特点:

1)各主开关管的电压定额为U_s。

2)由于主开关管的电压定额与电动机绕组的电压定额近似相等,所以这种线路用足了主开关管的额定电压,有效的全部电源电压可用来控制相绕组电流。

3)由于每相绕组接至各自的不对称半桥,在电路上,相与相之间是完全独立的,故这种结构对绕组相数没有任何限制。

4）每相需要两个主开关管。除了电动机绕组与每相开关串联，不存在上、下桥臂直通的故障隐患之外，很像感应电机 PWM 逆变器电路。

综合考虑各种功率变换器的优缺点及使用场合，选择不对称半桥型功率变换主电路作为主供电电路，保证各相相互独立、控制灵活、系统容错性好，是开关磁阻电机控制系统中理想的功率变换器。

1.4.5　开关磁阻电机在电动车上的应用

开关磁阻电机由于其运行过程中的振动与噪声问题尚未得到良好解决，所以只是应用在部分电动大客车与少数混合动力汽车上，如海湾纯电动汽车等电动大客车（图 1-4-14）、如霍顿混合动力汽车等（图 1-4-15），其使用的开关磁阻电机如图 1-4-16 所示。

图 1-4-14　海湾纯电动客车

图 1-4-15　霍顿混合动力汽车

图 1-4-16　开关磁阻电机

拓展阅读

1.4.6　开关磁阻电机相数与结构

1）为了避免单边磁拉力，径向必须对称，所以双凸极的定子和转子凸极数应为偶数。

2）定子和转子的凸极数不相等，但应尽量接近。

因为当定子和转子凸极数相近时，就可能加大定子相绕组电感随转角的平均变化率，这是提高电机出力的重要因素。

开关磁阻电机相数与技术关系如公式所示：

$$N_S = 2km$$
$$N_r = N_S \pm 2k \tag{1-4-1}$$

式中，m 为定子相数，N_S 为定子极数，N_r 为转子极数。

定子相数、定子极数与转子极数的组合见表 1-4-1。

表 1-4-1 开关磁阻电机相数与定子极数、转子极数组合

相 数 m	定子极数 N_S	转子极数 N_r
2	4	8
2	8	4
3	6	2
3	6	4
3	6	8
3	12	8
4	8	6
5	10	4

开关磁阻电机常用的方案如图 1-4-17 所示。

3) 相数与转矩、性能的关系：相数越大，转矩脉动越小，但成本越高，故常用三相、四相，还有些机构在研究两相、单相开关磁阻电机。但低于三相的开关磁阻电机没有自起动能力，需要额外加装起动装置。

相数	3	4	5	6	8	9
定子极数	6	8	10	12	14	16	18
转子极数	4	6	8	10	12	14	16
步进角/°	30	15	9	6	4.28	3.21	2.5

图 1-4-17 开关磁阻电机常用方案

实践技能

1.4.7 开关磁阻电机常见故障现象与检测

1. 电机温升过高或冒烟

这种故障是电机过热的表现，其原因较多，既有电机外部的因素（如电源供电不稳、负载过大、环境温度过高、散热不良等），也有电机自身的原因。

电机自身常见故障原因：

1) 定子绕组匝间或相间短路，使电流增大，铜损增加。
2) 定子、转子相擦，轴承可能有松动等。
3) 电机表面污垢，散热管道堵塞等。

2. 轴承过热

当电机滚动轴承温度超过 95℃，滑动轴承温度超过 80℃，就是轴承过热。

其原因主要为：

1) 轴承损坏应更换。
2) 轴承与端盖配合过紧或过松。
3) 转子轴弯曲。

3. 噪声异常

1) 当定子、转子相擦时，会产生刺耳的"嚓嚓"碰擦声。应检查轴承，损坏需更新。
2) 电机断相运行，吼声较大。可关闭点火开关后重新起动，看是否能正常起动，如果不能起动，则可能有一相断路。

3）定子、转子铁心松动。

4. 振动过大

转子轴弯曲或轴承松动,应更换转子轴或轴承。

5. 定子绕组检测

使用电桥测试仪对开关磁阻电机每相绕组进行电阻检测,如图 1-4-18 所示。每相绕组电阻应接近,若有不同则说明绕组损坏。

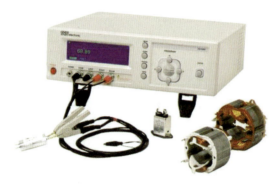

图 1-4-18　电桥测绕组电阻

1. 开关磁阻电机的结构比其他电机都要简单,其突出的优点是转子上没有绕组,可以用于超高速运转(10000r/min 以上)。定子只有几个集中绕组,制造简单,绝缘容易,易于冷却。

2. 开关磁阻电机的工作原理遵循磁阻最小原理,即磁通总是要沿着磁阻最小路径闭合。因此,它的结构原则是转子旋转时磁路的磁阻要有尽可能大的变化。

3. BG_1、BG_2、BG_3 是三个开关晶体管,分别控制三相线圈 A、B、C 的电流通断,晶体管旁边并联的二极管是用来续流的。续流二极管由于在电路中起到续流的作用而得名。续流二极管经常与储能元件一起使用,防止电压电流突变,提供通路。

任务工单1.4

任务名称	开关磁阻电机检测	学时	4	班级	
学生姓名		学生学号		任务成绩	
实训设备、工具及仪器	开关磁阻电机4个，组合工具4套、电桥测试仪4台、万用表4个。	实训场地	一体化教室	日期	
客户任务描述	小王在某新能源客车维修站工作，今天接了一辆纯电动大客车，经检查该车在行驶中存在异响，师傅告知小王需拆下电机及减速器。你知道如何安全、规范地对电机拆装和检测吗？				
任务目的	请根据任务要求，安全、规范地检测开关磁阻电机。				

一、资讯

1. 开关磁阻电机控制系统主要由四部分组成：开关磁阻电机、_____、控制器及位置检测器。
2. 开关磁阻电机结构_____，转子无_____，可允许较高温升。
3. 定子只有几个集中_____，制造简单_____，容易，易于_____。
4. 电机各相绕组和_____相互独立，各自在一定_____范围内产生_____，而不像其他电机必须在_____和磁路共同作用下产生_____。
5. 开关磁阻电机转矩方向只与各相_____有关，而和绕组电流的_____无关。
6. 只要控制主开关器件的导通关断_____，便可改变电动机的工作状态，即只要控制各相在不同电感区域内的_____，电路不会出现_____，可靠性高。
7. 从电源吸收较少的，能得到较大的是开关磁阻电机调速系统的一大特点。
8. 开关磁阻电机的控制参数有：_____、关断角_____等。
9. 开关磁阻电机调速系统具有_____、低起动电流的特点，在起动过程中电流冲击小，电机_____小，易于加减速。
10. 开关磁阻电机控制系统其电机转子上无绕组，没有_____，_____多，灵活方便，易于在宽转速范围和_____实现高效优化控制。
11. 由于开关磁阻电机为结构_____，不可避免地存在_____，噪声是开关磁阻电机存在的最主要的缺点。
12. 当定子绕组通电时，产生一个_____，其要遵循_____原则，即磁通总要沿着磁阻_____的路径闭合。
13. 说明下图中功率变换器电路的工作原理。

_____
_____

_____
_____
_____
_____
_____

二、计划与决策

请根据任务要求，确定所需要的仪器、工具，并对小组成员进行合理分工，制订详细的检测开关磁阻电机计划。

1. 需要的仪器、工具

2. 小组成员分工

3. 开关磁阻电机检测

三、实施

1）电机温升过高或冒烟。
2）这种故障是电机_____的表现。其原因较多：既有电机外部的因素（如电源供电不稳、_____、环境温度过高、_____等）；也有电机自身的原因。
3）电机自身常见故障原因：定子绕组_____或相间短路，使电流_____，铜损增加；相擦，轴承可能_____等；电机表面污垢，散热管道堵塞等。
4）轴承过热原因主要为：轴承损坏应_____、轴承与端盖配合_____、轴承与端盖配合过紧或过松。
5）噪声异常检测：当定、转子相擦时，会产生刺耳的"嚓嚓"碰擦声。应检查_____，损坏需更新。电机_____运行，吼声较大。可关闭点火开关后_____，看是否能正常起动，如果不能起动，则可能_____断路。定子、转子铁心_____。
6）振动过大的原因为转子轴弯曲或_____，应更换转子轴或_____。
7）定子绕组检测：使用电桥测试仪对开关磁阻电机进行电阻检测，绕组电阻应接近，若有不同则说明_____。

通过上述过程，请总结检测开关磁阻电机过程中需要注意的事项：
1）_____
2）_____
3）_____

四、检查

检测开关磁阻电机并进行如下检查：
1. 检查开关磁阻电机定子绕组电阻：_____。
2. 检查开关磁阻电机工作噪声：_____。
3. 检查开关磁阻电机温度：_____。

五、评估

1. 请根据自己任务完成的情况，对自己的工作进行自我评估，并提出改进意见。

1) _____

_____

2) _____

_____

3) _____

_____

2. 工单成绩（总分为自我评价、组长评价和教师评价得分值的平均值）

自我评价	组长评价	教师评价	总分

学习情境 2

电机控制器检测与修复

🡆 学习目标

➢ 能识别电机控制器内主要零部件并介绍各个部件的特点。
➢ 能正确读识北汽 EV160 汽车电路图。
➢ 能使用故障诊断仪读取数据流和故障码。
➢ 能对电机控制器进行正确的拆装与检测。
➢ 能对电机及控制器冷却系统进行检修。
➢ 能根据环保要求,正确处理对环境和人体有害的辅料、废气液体和损坏零部件。

学习单元 2.1　电机控制器拆装

任务导入

小王在某新能源汽车 4S 店工作，今天接了一辆无法行驶的车，师傅检查后告知小王是电机控制器出故障了，你能拆解电机控制器查看内部的部件吗？

学习目标

1. 能通过与客户交流、查阅相关维修技术资料等方式获取车辆信息。
2. 能根据故障现象选择合适的维修手册。
3. 能正确将电机控制器进行拆解。
4. 能根据维修手册将电机控制器与其他总成部件断开连接。
5. 能正确对高压部件进行安全防护拆装。

理论知识

2.1.1　电机控制器概述

整车控制器（VCU）根据驾驶人意图发出各种指令，电机控制器响应并反馈，实时调整驱动电机输出，以实现整车的怠速、前行、倒车、停车、能量回收及驻坡等功能。电机控制器在车上的位置如图 2-1-1 所示。

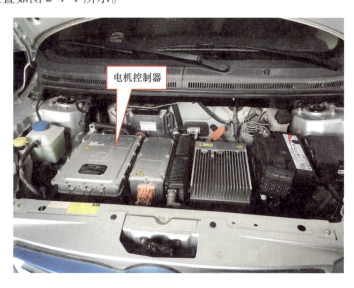

图 2-1-1　电机控制器在车上的位置

电机控制器另一个重要功能是通信和保护，实时进行状态和故障检测，保护驱动电机系统和整车安全可靠地运行，整个驱动电机系统连接关系如图 2-1-2 所示。

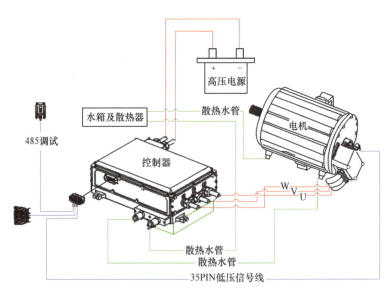

图 2-1-2　驱动电机系统连接示意图

电机控制器接收来自动力电池的高压直流电，根据 VCU（整车控制器）发送来的驾驶人驾驶意图，在当前电机运转状况的基础上，逆变出一定频率和幅值的高压三相交流电驱动电机运转。电机的定子温度和转子位置信号通过低压信号线传输给电机控制器，供其了解当前电机的工作状态。电机控制器内有冷却水道，用于冷却驱动板。

北汽 EV160 的电机控制器有大洋和大郡两种，功能和主要参数基本一致，这两种不同的电机控制器需要分别匹配各自的电机才能正常工作，电机控制器外形如图 2-1-3 所示。

电机控制器的基本参数如图 2-1-4 所示。

技术指标	技术参数
直流输入电压	336V
工作电压范围	265~410V
控制电源	12V
控制电源电压范围	9~16V
标称容量	85kV·A
重量	9kg
防护等级	IP67
尺寸（长×宽×高）	403mm×249mm×140mm

a) 大洋　　b) 大郡

图 2-1-3　大洋和大郡电机控制器外形　　图 2-1-4　电机控制器基本参数

2.1.2　电机控制器的结构组成

电机控制器内部很多电路板件和组件层层叠加，主要由 IGBT 模块组件（在驱动板上）、屏蔽板组件、控制板组件、传感器支架组件、三相插接件和直流插接件等组成，如图 2-1-5 所示。

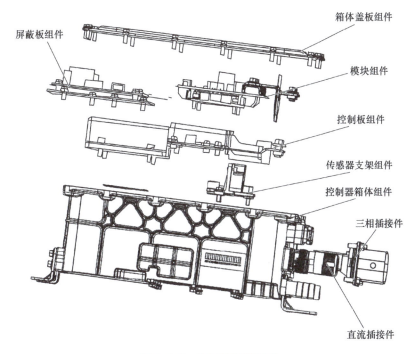

图 2-1-5 电机控制器组成

控制板在最上层，安装在屏蔽板上，下层是 IGBT 模块及驱动板，如图 2-1-6 所示。

图 2-1-6 电机控制器电路板

驱动板下方有散热片，最下层是冷却水道，冷却液流过散热片进行散热，如图 2-1-7 所示。

高压直流插接件与来自高压盒的高压直流母线相连接。UVW 高压插接件与电机控制器的三相高压线连接。电机控制器低压插接件与驱动电机连接以接收电机工作状态信息，还与整车控制器连接，接收整车控制器的驱动控制信号并把电机工作状态传送给整车控制器，如图 2-1-8 所示。

控制板上是弱电电路，用于和其他部件互相通信，接收各类传感器信息，经过计算来控制 IGBT 模块输出相应的 UVW 三相电，从而控制驱动电机按指令运转。为了减小下部的驱动板工作时高频高压的开闭产生的电磁干扰,控制板通过4个螺栓安装在屏蔽板上。控制板上有两根低压线束,一根用来将电机旋变信号、温度信号及电机开盖信号送给控制板,并使控制板与整车控制器通信,另一根低压线束连接下部的驱动板,用来控制驱动板工作。控制板上有控制板主芯片、旋变信号解码芯片和电机控制芯片,如图2-1-9所示。

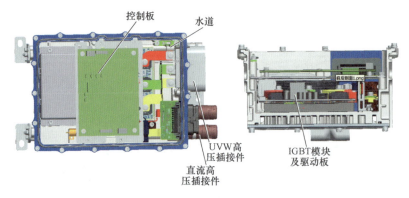

图2-1-7 电机控制器内部结构

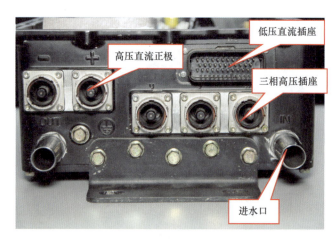

图2-1-8 电机控制器接口

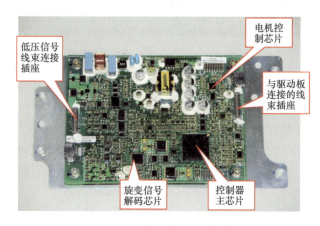

图2-1-9 电机控制器控制板

驱动板上含有 6 个 IGBT 的集成模块，用于产生三相交流电，驱动板上有一根与控制板连接的低压线束用来接收控制板的控制信号，同时将驱动板的工作状态信息传递给控制板。

IGBT 模块及驱动板是强电电路，其作用是在控制板的控制下，将高压盒传输过来的高压直流电逆变成 UVW 三相交流电，输出给驱动电机，使其按指令运转，如图 2-1-10 所示。

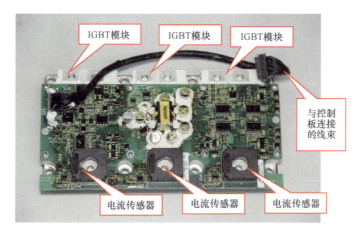

图 2-1-10　电机控制器驱动板

水道的作用是通过冷却液的流动给 IGBT 模块及驱动板冷却散热，电动水泵驱动冷却液在电机、电机控制器与散热器之间循环流动，如图 2-1-11 所示。

图 2-1-11　电机控制器散热水道

2.1.3　电机控制器工作原理

控制板对所有的输入信号进行处理，并将驱动电机控制系统运行状态的信息通过 CAN 网络发送给整车控制器。驱动电机控制器内含故障诊断电路，当诊断出异常时，它将会激活一个故障码，发送给整车控制器，同时也会存储该故障码和数据。

以下传感器来为电机控制器提供驱动电机系统的工作信息：

电流传感器：用以监测电机工作的实际电流（包括母线电流、三相交流电流）如图 2-1-12 所示。

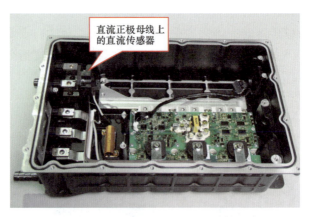

图 2-1-12　直流正极母线上的电流传感器

电压传感器：用以监测供给电机控制器工作的实际电压（包括动力电池电压、12V 蓄电池电压）。

温度传感器：用以监测电机控制系统的工作温度（包括 IGBT 模块温度、电机控制器板载温度）。

在驱动电机系统中，驱动电机的输出动作主要是靠电机控制器给定命令执行，即控制器输出命令。电机控制器主要是将输入的直流电逆变成幅值、频率可调的三相交流电，驱动配套的三相永磁同步电机工作。

电机控制器的主要功能：与整车控制器通信、监测直流母线电流、控制 IGBT 模块、监控高压线束连接情况、反馈 IGBT 模块温度、旋变传感器励磁供电、旋变信号分析、信息反馈。

以上主要功能是由控制板和接口电路来完成的，如图 2-1-13 所示。

图 2-1-13　控制板及接口电路位置

1. IGBT 主要功能

电力电子电路的基本形式如下：

交流—直流变换（AC/DC 变换）：整流
直流—交流变换（DC/AC 变换）：逆变
直流—直流变换（DC/DC 变换）：斩波
交流—交流变换（AC/AC 变换）：变频

IGBT 是一种功率开关电力电子元器件，功率开关器件主要有三种，分别是不可控器件——二极管、半控型器件——晶闸管、全控型器件——如 IGBT。IGBT 模块如图 2-1-14 所示。

EV160 驱动电机控制器采用三相两电平电压源型逆变器。驱动电机系统的控制中心，又称智能功率模块，是以 IGBT（绝缘栅双极型晶体管）模块核心的，辅以驱动集成电路、主控集成电路来完成逆变工作。将直流电转换成可控的交流电的过程就称为逆变。

IGBT 驱动板的功能：信号反馈给电机控制器控制主板、检测直流母线电压、直流转换交流及变频、监测相电流的大小、监测 IGBT 模块温度、三相整流。

IGBT 模块共有 6 个 IGBT，分别为 V_1、V_2、V_3、V_4、V_5、V_6。每个 IGBT 工作过程就像一个晶体管，但它可以开关很大的电压和电流。图 2-1-15 中，此时 V_1 导通，来自 U_+ 的电压通过 V_1 来到 U 端，V_6 同时导通，使得电流从 W 端经过 V_6 回到 U_- 端，通过不断的轮流切换 6 个 IGBT 可以在 UVW 3 个端子间产生可控的交流电。IGBT 模块的工作原理如图 2-1-15 所示。

图 2-1-14　IGBT 模块

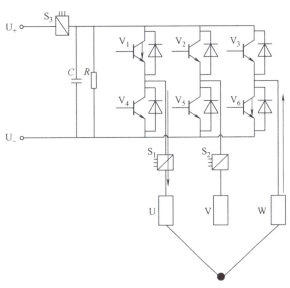

图 2-1-15　IGBT 工作原理

当 U、V、W 三相在初始位置时，U 相电压位于零点，没有电压，W 相电压位于较正电位的高位，V 相电压位于负电位的低位，W 相与 V 相电压之间有较大电位差。此时，第三组 IGBT 模块的第一个 IGBT 导通，来自高压直流的正极的电流从 W 相线圈流入，第二组 IGBT 模块的第二个 IGBT 导通，电流从 V 相线圈流出回到高压直流的负极，V 相和 W 相线圈产生相应的磁场，如图 2-1-16 所示。

当 V 相位于零电位时，U 相电压为正，U 相电压位于较正电位的高位，W 相电压位于负电位的低位，W 相与 U 相电压之间有较大电位差。此时，第一组 IGBT 模块的第一个 IGBT 导通，来自高压直流的正极的电流从 U 相线圈流入，第三组 IGBT 模块的第二个 IG-

BT 导通，电流从 W 相线圈流出回到高压直流的负极，U 相和 W 相线圈产生相应的磁场，如图 2-1-17 和图 2-1-18 所示。

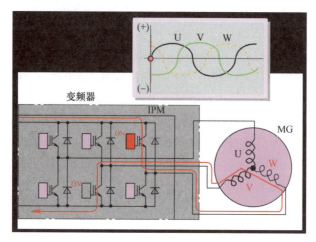

图 2-1-16　IGBT 工作原理

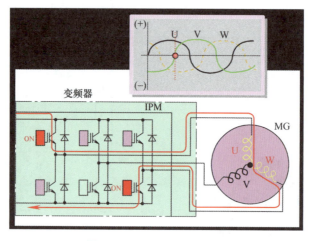

图 2-1-17　IGBT 工作原理

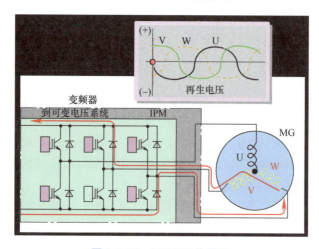

图 2-1-18　IGBT 工作原理

2. 超级电容和放电电阻的功能

超级电容：接通高压电路时给电容充电，在电机工作时保持电压的稳定。

放电电阻：断开高压电路时，通过电阻给高压电容放电，如图 2-1-19 所示。

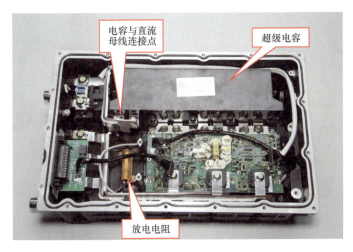

图 2-1-19　超级电容与放电电阻

放电电路故障时，会报放电超时导致高压断电故障。

在电机控制工作时，放电电阻会一直消耗电能。放电电路如图 2-1-20 所示。

3. 电机控制器工作条件

1）高压电源输入正常（绝缘性能大于 20MΩ）。

2）低压 12V 电源供电正常（电压范围 9~16V）。

3）与整车控制器通信正常。

4）电容放电正常。

5）旋变传感器信号正常。

6）三相交流输出电路正常。

7）电机及电机控制器温度正常。

8）开盖保持开关信号正常。

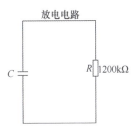

图 2-1-20　放电电阻放电电路

4. 电机控制器驱动模式

整车控制器根据车辆运行的不同情况，包括车速、档位、电池 SOC（电量）值，来决定电机输出转矩/功率。当电机控制器从整车控制器处得到转矩输出命令时，将动力电池提供的直流电转化成三相正弦交流电，驱动电机输出转矩，通过机械传输来驱动车辆。电机控制器驱动模式如图 2-1-21 所示。

5. 电机控制器发电模式

当车辆在滑行或制动的时候，电机控制器从整车控制器得到发电命令后，电机控制器将电机处于发电状态。此时电机会将车子动能转化成电能。然后，三相正弦交流电通过电机控制器转化为直流电，存储到电池中。电机控制器发电模式如图 2-1-22 所示。

6. 电机控制器低压插件

低压插件是电机控制器对外通信的通道，为 35 针插件，如图 2-1-23 所示。

图 2-1-21　电机控制器驱动模式

图 2-1-22　电机控制器发电模式

7. 高压动力线束插件

动力电池的直流电通过高压盒提供给驱动电机控制器，在电机控制器上布置 2 个安菲诺高压连接插座。电机控制器提供三相交流电到驱动电机，主要依靠规格 $35\,mm^2$ 的三根电缆及高压插接器，除大洋的驱动电机在 C30DB 上采用安菲诺独立插头外，其余的都是 LS 整体式插头，上述高压插接器均具备防错差功能。电机控制器高压连接插头如图 2-1-24 所示。

2.1.4　交流整流

交流整流分为半波整流、全波整流和桥式整流。

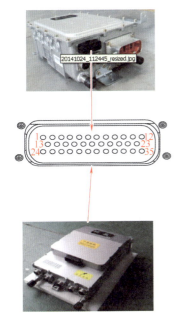

型号	编号	信号名称	说明
AMP 35PIN C-776163-1	12	励磁绕组R1	电机旋转变压器接口
	11	励磁绕组R2	
	35	余弦绕组S1	
	34	余弦绕组S3	
	23	正弦绕组S2	
	22	正弦绕组S4	
	33	屏蔽层	
	24	12V_GND	控制电源接口
	1	12V+	
	32	CAN_H	CAN总线接口
	31	CAN_L	
	30	CAN_PB	
	29	CAN_SHIELD	
	10	TH	电机温度传感器接口
	9	TL	
	28	屏蔽层	
	8	485+	RS485总线接口
	7	485−	
	15	HVIL1(+L1)	高低压互锁接口
	26	HVIL2(+L2)	

图 2-1-23 电机控制器低压插件

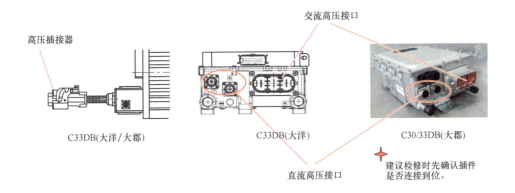

图 2-1-24 电机控制器高压连接插头

1. 半波整流

图 2-1-25 是一种最简单的整流电路，它由电压变压器、整流二极管 VD 和负载电阻 R_{fz} 组成。变压器把市电电压变换为所需要的交变电压 E_2，VD 再把交流电变换成脉动直流电。

如图 2-1-26 所示，变压器二次电压 E_2 是一个方向和大小都随时间变化的正弦波电压。

在 $0 \sim \pi$ 时间内，E_2 为正半周，即变压器上端为正，下端为负。此时，二极管承受正向电压而导通，E_2 通过它加在负载电阻 R_{fz} 上。

图 2-1-25 半波整流电路

在 $\pi \sim 2\pi$ 时间内，E_2 为负半周，变压器二次侧下端为正，上端为负。此时，VD 承受反向电压，不导通，R_{fz} 上无电压。

在 2π~3π 时间内,重复 0~π 时间的过程,这样反复下去。

交流电的负半周就被"削"掉了,只有正半周通过 R_{fz},在 R_{fz} 上获得一个单一右向(上正下负)的电压,从而达到整流的目的,但是通过 R_{fz} 的电流大小随时间而变化,通常称其为脉动直流。

这种除去下半周的整流方法称为半波整流。半波整流是以"牺牲"一半交流电为代价而换取整流效果的,电流利用率很低。因此,常用在高电压、小电流的场合,在一般无线电装置中很少采用。

2. 全波整流

把半波整流电流的结构作些调整,可以得到一种能充分利用电能的全波整流电路,如图 2-1-27 所示。全波整流可看作是由两个半波整流电路组合而成。变压器二次绕组中间需要引出一个抽头,把二次绕组分成两个对称的绕组,从而引出大小相等但极性相反的两个电压 E_{2a}、E_{2b},构成 E_{2a}、VD_1、R_{fz} 与 E_{2b}、VD_2、R_{fz},两个通电回路。

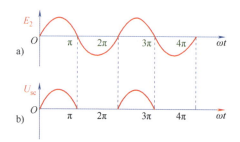

图 2-1-26　半波整流波形

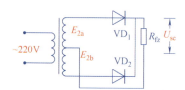

图 2-1-27　全波整流电路

在 0~π 时间内,E_{2a} 对 VD_1 为正向电压,VD_1 导通,在 R_{fz} 上得到上正下负的电压;E_{2b} 对 VD_2 为反向电压,VD_2 不导通。

在 π~2π 时间内,E_{2b} 对 VD_2 为正向电压,VD_2 导通,在 R_{fz} 上得到的仍然是上正下负的电压;E_{2a} 对 VD_1 为反向电压,VD_1 不导通。

在 2π~3π 时间内,重复 0~π 时间内的过程,如此反复下去,如图 2-1-28 所示。

全波整流不仅利用了正半周,而且还巧妙地利用了负半周,从而大大提高了整流效率。但全波整流变压器需要有一个两端对称的二次中心抽头,这给制作上带来很多麻烦,而且这种电路每只整流二极管承受的最大反向电压是变压器二次电压最大值的两倍,因此需用能承受较高电压的二极管。

3. 桥式整流

桥式整流电路是使用最多的一种整流电路。这种电路只要增加两只二极管连接成"桥"式结构,便具有全波整流电路的优点,同时在一定程度上克服了它的缺点,其结构如

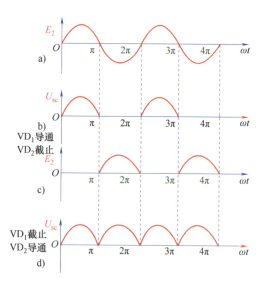

图 2-1-28　全波整流电路波形

图 2-1-29 所示。

桥式整流电路的原理为：

E_2 为正半周时，对 VD_1、VD_3 施加正向电压，VD_1、VD_3 导通；对 VD_2、VD_4 施加反向电压，VD_2、VD_4 截止。电路中构成 E_2、VD_1、R_{fz}、VD_3 通电回路，在 R_{fz} 上形成上正下负的半波整流电压，桥式整流正半周电流流向如图 2-1-30 所示。

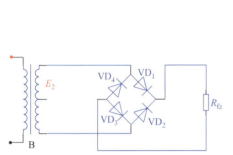

图 2-1-29 桥式整流电路

图 2-1-30 桥式整流正半周电流流向

E_2 为负半周时，对 VD_2、VD_4 施加正向电压，VD_2、VD_4 导通，对 VD_1、VD_3 施加反向电压，VD_1、VD_3 截止。电路中构成 E_2、VD_2、R_{fz}、VD_4 通电回路，同样在 R_{fz} 上形成上正下负的另外半波的整流电压。桥式整流负半周电流流向如图 2-1-31 所示。

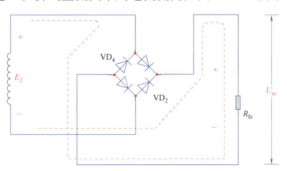

图 2-1-31 桥式整流负半周电流流向

如此反复下去，在 R_{fz} 上便得到全波整流电压，其波形图和全波整流波形图一样，桥式电路中每只二极管承受的反向电压等于变压器二次电压的最大值，比全波整流电路小一半。

2.1.5 EV160 电机控制器拆装

当电机控制器出现故障，建议检修时先确认插件是否连接到位，是否有退针现象。若通过诊断仪确认电机控制器存在故障，需将驱动电机从车身上拆下检测维修或更换。

安全注意事项：拆卸电机控制器之前必须严格按照规范进行下电操作，因为拆卸电机控制器需要断开电机与电机控制器之间的高压线束，要注意高压安全防护。为确保安全，最好由两人共同完成电机控制器的拆装。

EV160 电机控制器拆装过程如下：

1）拆下电机控制器上盖紧固螺栓，如图 2-1-32 所示。

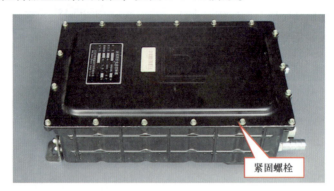

图 2-1-32　电机控制器上盖紧固螺栓

2）拔下控制板上连接低压线束的插头，如图 2-1-33 所示。

图 2-1-33　低压线束插头

3）拔下控制板上连接驱动板的线束插头，如图 2-1-34 所示。

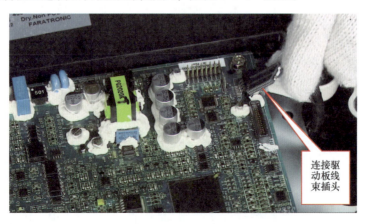

图 2-1-34　连接驱动板线束插头

4）拔下电流传感器线束插头，如图 2-1-35 所示。

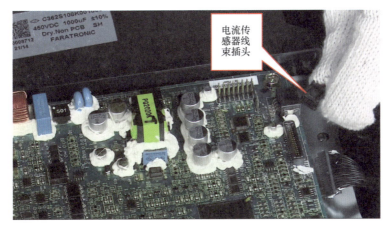

图 2-1-35　电流传感器线束插头

5）拆下屏蔽板 4 个固定螺栓，如图 2-1-36 所示。

图 2-1-36　屏蔽板固定螺栓

6）取下控制板和屏蔽板，如图 2-1-37 所示。

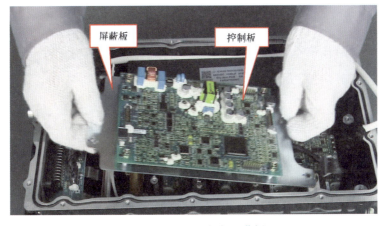

图 2-1-37　控制板与屏蔽板

7）拆下安规电容，如图2-1-38所示。

图 2-1-38　安规电容

8）拆下高压电容，如图2-1-39所示。

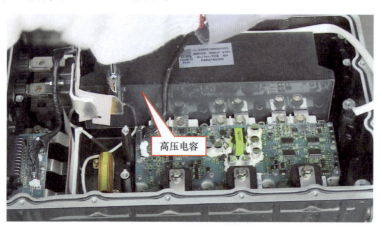

图 2-1-39　高压电容

9）拆下低压线束插座，如图2-1-40所示。

图 2-1-40　低压线束插座

10）拆下 U、V、W 三相汇流排，如图 2-1-41 所示。

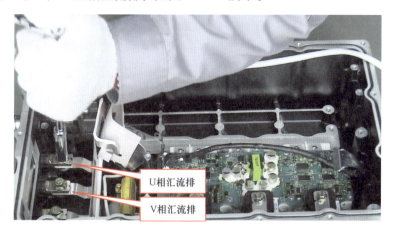

图 2-1-41　U、V、W 三相汇流排

11）拆下散热底座、IGBT 模块及驱动板，如图 2-1-42 所示。

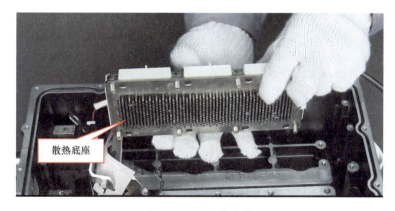

图 2-1-42　散热底座

12）涂抹密封胶，安装散热底座、IGBT 模块及驱动板，如图 2-1-43 所示。

图 2-1-43　安装 IGBT 模块

13）安装 U、V、W 三相汇流排。

14）安装低压线束插座。

15）安装高压电容。

16）安装安规电容。

17）安装控制板和屏蔽板。

18）安装控制板上连接低压线束的插头，安装连接驱动板的线束插头，安装电流传感器线束插头。

19）安装电机控制器上盖。

以上为 EV160 电机控制器拆装过程。

1. 整车控制器（VCU）根据驾驶人意图发出各种指令，电机控制器响应并反馈，实时调整驱动电机输出，以实现整车的怠速、前行、倒车、停车、能量回收及驻坡等功能。

2. 控制板对所有的输入信号进行处理，并将驱动电机控制系统运行状态的信息通过 CAN 网络发送给整车控制器。驱动电机控制器内含故障诊断电路，当诊断出异常时，它将会激活一个故障码，发送给整车控制器，同时也会存储该故障码和数据。

3. 全波整流不仅利用了正半周，而且还巧妙地利用了负半周，从而大大提高了整流效率。但全波整流变压器需要有一个两端对称的二次中心抽头，这给制作上带来很多麻烦，而且这种电路每只整流二极管承受的最大反向电压是变压器二次电压最大值的两倍，因此需用能承受较高电压的二极管。

任务工单2.1

任务名称	电机控制器检测与修复	学时	8	班级	
学生姓名		学生学号		任务成绩	
实训设备、工具及仪器	北汽EV160纯电动汽车4台，组合工具4套、电机控制器4个，XK-XNY-DSDL1型电机控制系统实验台2台。	实训场地	一体化教室	日期	
客户任务描述	小王在某新能源汽车4S店工作，今天接了一辆无法行驶的车，师傅检查后告知小王是电机控制器出故障了，你能拆解电机控制器查看内部的部件吗？				
任务目的	请根据任务要求，安全、规范地检测与拆装电机控制器。				

一、资讯

1. 整车控制器（VCU）根据驾驶人意图发出各种指令，电机控制器响应并反馈，实时调整驱动电机_____，以实现整车的怠速、前行、_____、停车、_____及驻坡等功能。

2. 电机控制器另一个重要功能是_____和保护，实时进行状态和_____，保护驱动电机系统和整车安全可靠运行。

3. 电机控制器接收来自_____的高压直流电，根据VCU（整车控制器）发送来的驾驶人_____，在当前电机运转状况的基础上，逆变出一定频率的高压三相交流电（U、V、W）驱动电机运转。

4. 电机控制器内部很多电路板件和组件_____，主要由_____组件（在驱动板上）、屏蔽板组件、_____、其支架组件、三相插接件、_____等组成。

5. 驱动板下方有散热片，最下层是_____，冷却液流过散热片进行散热。

6. 高压直流插接件与来自_____的高压直流母线相连接。_____与电机控制器的三相高压线连接。

7. 控制板上是_____电路，用于和其他部件互相通信，接收各类传感器信息，经过计算来控制IGBT模块输出相应的_____，从而控制驱动电机按指令运转。

8. 控制板上有控制板主芯片、_____解码芯片和_____控制芯片。

9. 电流传感器：用以监测电机工作的_____（包括_____、三相交流电流）。

10. 电压传感器：用以监测供给_____工作的实际电压（包括_____电压、12V蓄电池电压）。

11. 说明下图工作原理。

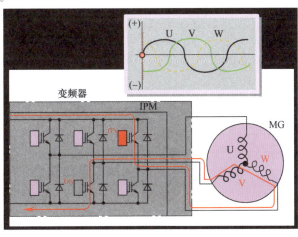

二、计划与决策

请根据任务要求，确定所需要的仪器、工具，并对小组成员进行合理分工，制订详细的电机控制器检修计划。

1. 需要的仪器、工具

2. 小组成员分工

3. 电机控制器检修计划

三、实施

1）按照规范进行下电操作；
2）拆下电机控制器_____紧固螺栓。
3）拔下控制板上连接_____的插头。
4）拔下控制板上连接_____的线束插头。
5）拔下_____线束插头。
6）拆下_____4个固定螺栓。
7）取下_____和屏蔽板。
8）拆下_____。
9）拆下_____电容。
10）拆下_____插座。
11）拆下U、V、W三相_____。
12）拆下散热底座、_____及驱动板。

通过上述过程，请总结电机控制器检测过程中需要注意的事项：
1）_____
2）_____
3）_____

四、检查

检测电机控制器并进行如下检查：
1. 检查电机控制器汇流排固定螺栓：_____。
2. 检查电机控制器进出水管：_____。

3. 检查高压电容：_____。
4. 检查低压线束插座：_____。

五、评估

1. 请根据自己任务完成的情况，对自己的工作进行自我评估，并提出改进意见。

1) _____
_____
2) _____
_____
3) _____
_____

2. 工单成绩（总分为自我评价、组长评价和教师评价得分值的平均值）

自我评价	组长评价	教师评价	总分

学习单元2.2　电机及控制器冷却系统检修

小王在某新能源汽车4S店工作，今天接了一辆EV160纯电动汽车，该车行驶中动力不足，经检查发现电动水泵损坏导致电机温度过高报警，师傅告知小王需更换电动水泵。你知道如何安全、规范地拆装电动水泵吗？

1. 能通过与客户交流、查阅相关维修技术资料等方式获取车辆信息。
2. 能根据故障现象选择合适的维修手册。
3. 能安装安全规范正确拆装电动水泵。
4. 能根据维修手册将电动水泵与其他部件断开连接。
5. 能正确对高压部件进行安全防护拆装。

2.2.1　电机及控制器冷却系统概述

驱动电机与电机控制器在工作中会产生一部分热，天气炎热时需要对其进行强制散热，电动汽车一般采用的方法是水冷，即在电机控制器与驱动电机之中布置冷却水道，由电动水泵驱动冷却液使之循环将热量带到散热器进行散热，该冷却系统的状态形式与传统汽车的发动机冷却系统类似，如图2-2-1所示，该冷却系统中还包括膨胀水箱。

图2-2-1　EV160纯电动汽车冷却系统

2.2.2　北汽EV160纯电动汽车电机及控制器冷却系统介绍

北汽EV160纯电动汽车冷却系统的作用是对驱动电机及电机控制器进行冷却。冷却系统由电动水泵、电机控制器、驱动电机、散热器、冷却风扇、膨胀水箱和水管等组成，如图2-2-3～图2-2-6所示。

如图2-2-2所示，膨胀水箱连接管与膨胀水箱底部相连，这个水管与膨胀水箱上部相连。膨胀水箱的作用是调节散热器内部压力以及补充散热器液位。

电动水泵安装在车辆前部右下方，将散热器内部的冷却液加压后送到电机控制器冷却水套中，冷却液对电机控制器进行冷却后再流向驱动电机冷却水套，对电机进行冷却，冷却液最后从电机出水口流向散热器上部。

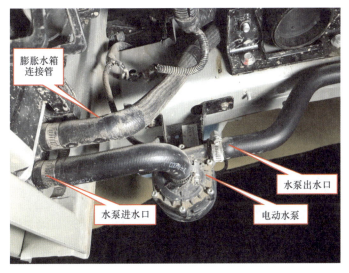

图 2-2-2 EV160 纯电动汽车电动水泵相关部件

图 2-2-3 北汽 EV160 纯电动汽车散热器与风扇

图 2-2-4 北汽 EV160 纯电动汽车散热器放水口

图 2-2-5　北汽 EV160 纯电动汽车电动水泵的安装位置

图 2-2-6　北汽 EV160 纯电动汽车膨胀水箱

2.2.3　北汽 EV160 纯电动汽车电动水泵结构

水泵盖（进水口与出水口）由六个螺栓与水泵体紧固连接，如图 2-2-7 所示。

电动水泵由电机带动水泵转子，依靠离心力吸入冷却液，再将其加速甩出，去往电机控制器与驱动电机，如图 2-2-8 所示。

水泵转子与电机转子做成一体，水泵转子上带有永磁体。电机转子与定子之间的气隙由塑料罩盖隔离开，所以水泵转子处的冷却液无法进入到电机定子线圈，如图 2-2-9 所示。

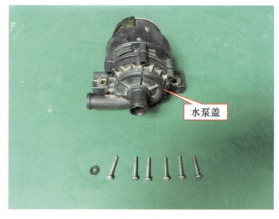

图 2-2-7　北汽 EV160 纯电动汽车电动水泵盖

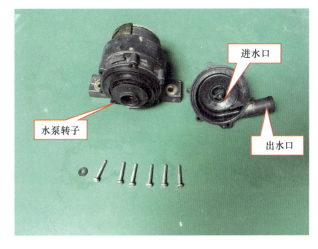

图 2-2-8 北汽 EV160 纯电动汽车电动水泵转子

图 2-2-9 北汽 EV160 纯电动汽车电动水泵

北汽 EV160 纯电动汽车电动水泵的电机结构为直流无刷式,通过塑料罩盖将转子与定子隔离,转子套在塑料罩盖上的金属轴上,如图 2-2-10 所示。

2.2.4 北汽 EV160 纯电动汽车电机及控制器冷却系统控制策略

1. 水泵控制

当起动车辆时,电动水泵开始工作(即仪表显示 READY)。

2. 电机温度控制

当控制器监测到驱动电机温度在 45~50℃ 之间时,冷却风扇低速起动。

当温度大于 50℃ 时,冷却风扇高速起动。

温度降至 40℃ 时冷却风扇停止工作。

图 2-2-10　北汽 EV160 纯电动汽车电动水泵

温度在 120~140℃之间时，降功率运行。
温度大于 140℃时，降功率至 0，即停机。

3. 电机控制器温度控制

当控制器监测到散热基板温度大于 75℃时，冷却风扇低速起动。
当控制器监测到散热基板温度大于 80℃时，冷却风扇高速起动。
当控制器监测到散热基板温度降至 75℃时，冷却风扇停止工作。
当控制器监测到散热基板温度大于 85℃时，超温保护，即停机。
当控制器监测到散热基板温度在 75~85℃时，降功率运行。

2.2.5　DC50B 型新能源汽车电动水泵

该电动水泵取消了电机与水泵叶轮之间的机械连接，彻底解决了汽车水泵水封漏水问题，该水泵分为 12V 系统和 24V 系统，可以兼容目前车用主流电源系统。在电路设计方面，采用三相全桥驱动，采用的主控芯片在 12V 系统时无需额外驱动芯片，可以直接驱动 MOS 管，减少了元件数量和控制器体积。在控制方式上，采用了无传感器换向和正弦波驱动的方式，提高了系统的可靠性同时减小了电机噪声，同时具有 PWM 和 LIN 总线通信接口，如图 2-2-11 所示。可以通过控制指令实时控制水泵输出功率。在机械工艺方面，其采用了有效的散热设计，保证了设计的紧凑性，达到了减小体积、减轻重量、提高功率密度的目标。真正实现了体积小、重量轻、效率高、智能化的特点，可以满足电动汽车的控制器、驱动电机散热和传统汽车的辅助散热需求。

该电动水泵驱动电路如图 2-2-12 所示，由六个 MOS 管产生 PWM 信号驱动电机工作。

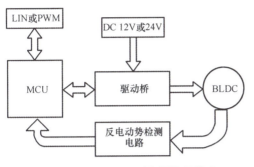

图 2-2-11　DC50B 型水泵控制策略

图 2-2-12　DC50B 型水泵驱动电路

该电动水泵性能指标见表 2-2-1。

表 2-2-1　DC50B 型水泵性能指标

参　　数	指　　标
额定输入电压范围	9～15V（12V），18～30V（24V）
最大输入电流	6A（12V），3A（24V）直流
额定功率/W	65
最大整机效率（%）	45
控制方式	PWM 或 LIN
初次级绝缘	功能性绝缘（2500V）
密封防水等级	IP65
工作环境温度/℃	-40～+130
外壳	铝合金外壳
重量/g	小于 600

2.2.6　电动水泵更换

当电动水泵故障导致电机控制器与电机冷却效果变差，温度升高时，需更换电动水泵。

安全注意事项：因电动水泵位于车身下部，附近有高压线缆，拆卸电机之前必须严格按照规范对车辆进行断电操作。需关闭点火开关，断开蓄电池负极。为确保安全，最好由两人共同完成电动水泵的更换。

EV160 电动水泵更换的过程：

1）旋下膨胀水箱盖，如图 2-2-13 所示，然后举升车辆。

图 2-2-13　旋下膨胀水箱盖

2）旋下散热器放水螺栓，放出冷却液，再旋上放水螺栓，如图 2-2-14 所示。

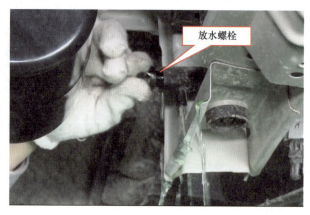

图 2-2-14　旋下放水螺栓

3）拔掉电动水泵插头，如图 2-2-15 所示。

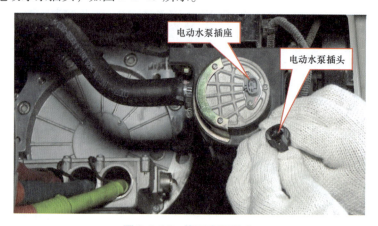

图 2-2-15　拔下水泵插头

4）松开电动水泵进出水管卡箍，如图 2-2-16 所示。

图 2-2-16　松开进水管卡箍

5）拔下电动水泵进出水管，拆下两个电动水泵固定螺栓，如图 2-2-17 所示。

图 2-2-17　拆下水管固定螺栓

6）取下电动水泵，如图 2-2-18 所示。

图 2-2-18　取下电动水泵

7）更换新的电动水泵。
8）安装两个电动水泵固定螺栓。
9）插上电动水泵进、出水管，如图 2-2-19 所示。

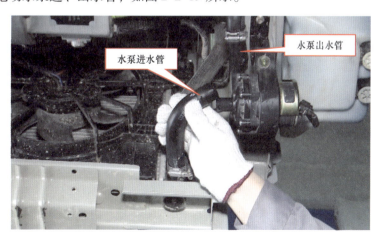

图 2-2-19　插上水泵进水管

10）拧紧电动水泵进出水卡箍。

11）插上电动水泵插头。

12）降低车辆，添加冷却液至规定液位，如图 2-2-20 所示。

图 2-2-20　冷却液液位

13）拧上膨胀水箱盖，驾驶车辆行驶，试车一段时间。

14）举升车辆，检查各进出水口有无渗漏。

15）降下车辆，再次检查冷却液面高度，若高度低于最低液面，则添加适量冷却液。

1. 北汽 EV160 纯电动车冷却系统的作用是对驱动电机及电机控制器进行冷却。冷却系统由电动水泵、电机控制器、驱动电机、散热器、冷却风扇、膨胀水箱和水管等组成。

2. 电动水泵安装在车辆前部右下方，将散热器内部的冷却液加压后送到电机控制器冷却水套中，冷却液对电机控制器进行冷却后再流向驱动电机冷却水套，对电机进行冷却，冷却液最后从电机出水口流向散热器上部。

3. 当控制器监测到散热基板温度大于 75℃时，冷却风扇低速起动；当控制器监测到散热基板温度大于 80℃时，冷却风扇高速起动；当控制器监测到散热基板温度降至 75℃时，冷却风扇停止工作。

任务工单2.2

任务名称	电机及控制器冷却系统检修	学时	4	班级	
学生姓名		学生学号		任务成绩	
实训设备、工具及仪器	北汽EV160纯电动汽车4台，组合工具4套。	实训场地	一体化教室	日期	
客户任务描述	小王在某新能源汽车4S店工作，今天接了一辆EV160纯电动汽车，该车行驶中动力不足，经检查发现电动水泵损坏导致电机温度过高报警，师傅告知小王需更换电动水泵。你知道如何安全、规范的拆装电动水泵吗？				
任务目的	请根据任务要求，安全、规范地对更换电动水泵。				

一、资讯

1. 北汽EV160纯电动汽车冷却系统的作用是对_____及_____进行冷却。
2. 冷却系统由_____、_____、驱动电机、散热器、_____、膨胀水箱和水管等组成。
3. 膨胀水箱的作用是调节_____内部压力以及补充_____。
4. 电动水泵安装在车辆_____，将散热器内部的冷却液加压后送到_____冷却水套中，冷却液对电机控制器进行冷却后再流向_____冷却水套，对电机进行冷却，冷却液最后从电机_____流向_____。
5. 水泵盖（进水口与出水口）由_____与水泵体紧固连接。
6. 电动水泵由电机带动水泵转子，依靠_____吸入冷却液，再将其加速甩出，去往电机控制器与_____。
7. 水泵转子与电机转子做成一体，水泵转子上带有_____。电机转子与定子之间的_____由塑料罩盖隔离开，所以水泵转子处的冷却液无法进入到_____。
8. 北汽EV160纯电动汽车电动水泵的电机结构为_____，通过将转子与定子隔离，转子套在塑料罩盖上的_____上。
9. 当控制器监测到驱动电机温度_____在之间时，冷却风扇低速起动。
10. 当温度大于_____时，冷却风扇高速起动。
11. 说明下图中各个部件之间的连接关系和作用。

_____
_____
_____
_____
_____
_____
_____

二、计划与决策

请根据任务要求，确定所需要的仪器、工具，并对小组成员进行合理分工，制订详细的电动水泵更换计划。

1. 需要的仪器、工具

2. 小组成员分工

3. 电动水泵更换计划

三、实施

1) 拧下_____。
2) 旋下散热器_____，放出_____，再旋上放水螺栓。
3) 拔掉_____插头。
4) 松开电动水泵_____。
5) 拔下电动水泵_____，拆下两个电动水泵固定螺栓。
6) 取下_____。
7) 更换新的_____。
8) 安装两个电动水泵_____。
9) 插上电动水泵_____。
10) 拧紧电动水泵_____。
11) 降低车辆，添加_____至规定液位。

通过上述过程，请总结更换电动水泵过程中需要注意的事项：
1) _____
2) _____
3) _____

四、检查

更换电动水泵并进行如下检查：
1. 检查电动水泵工作状态：_____。
2. 检查电动水泵线束：_____。
3. 检查电动水泵与其他部件的连接管路：_____。
4. 检查冷却液位：_____。

五、评估

1. 请根据自己任务完成的情况，对自己的工作进行自我评估，并提出改进意见。
1) _____

2）_____

3）_____

2. 工单成绩（总分为自我评价、组长评价和教师评价得分值的平均值）

自我评价	组长评价	教师评价	总分

学习情境 3

传动系统拆装

🟢 学习目标

➤ 能通过与客户交流、查阅相关维修技术资料等方式获取车辆信息。
➤ 能识别传动套系统内主要零部件并介绍各个部件的特点。
➤ 能正确读识北汽 EV160 纯电动汽车维修手册。
➤ 能将传动系统从车身拆卸并按照规范安装。
➤ 能对传动系统进行正确的拆装与检测。
➤ 能根据环保要求,正确处理对环境和人体有害的辅料、废气液体和损坏零部件。

学习单元 3.1　传动系统拆装

 任务导入

小王在某新能源汽车 4S 店工作，今天接了一辆北汽 EV160 纯电动汽车，该车行驶中在不同车速下，从底盘前部传来异响声，经检查师傅告诉小王需要将减速器总成拆解后检查，你知道如何安全、规范地拆装减速器总成吗？

 **学习目标**

1. 能通过与客户交流、查阅相关维修技术资料等方式获取车辆信息。
2. 能根据故障现象选择合适的维修手册。
3. 能正确将减速器进行拆解。
4. 能根据维修手册将减速器与其他总成部件断开连接，并将其从车身拆卸下来。
5. 能正确对高压部件进行安全防护拆装。

 **理论知识**

3.1.1　电动汽车减速器概述

以特斯拉和日产聆风为例的一些主流纯电动汽车并没有搭载一台传统变速器，而是单纯搭载一组减速器，并不提供换档功能。

对于纯电动汽车，电机从 0 转速开始就能全转矩输出，没有怠速问题困扰，初始转矩比内燃机大。对于纯电动汽车不存在起步问题，就不需要搭配"大齿比减速器"。对于内燃机车而言，"高档位小齿比"通常是车辆高速运行时使用，可降低发动机转速，一方面可以使发动机偏向经济转速运行可以节油，另一方面可以降低噪声。对于电动车来说，不同转速下电能转化为机械能效率区别并不大，电机噪声也远小于内燃机，不必刻意压低电动机转速。

这两方面原因使电机既不需要大齿比变速，也不需要小齿比变速，电动车只需要配一个齿比中等的减速器即可。特斯拉只单独配了一个齿比为 9.73 的减速器，日产聆风的减速器齿比为 8.19。从实际结果来看，这个中等大小齿比的减速器可以满足电动车起步和加速的动力需求，电动机本身高转速运行也可以使整车跑出高速度。电机外特性曲线如图 3-1-1 所示。

3.1.2　EF126B02 减速器介绍

北汽 EV160 车型中，型号为 C33DB 的驱动电机搭载的减速器总成型号为 EF126B02，由中国长安汽车集团股份有限公司重庆青山变速器分公司生产，主要功能是将整车驱动电机的转速降低、转矩升高，以实现整车对驱动电机的转矩、转速要求。

EF126B02 减速器总成是一款前置前驱减速器，采用左右分箱、两级传动结构设计。具有体积小，结构紧凑的特点：采用前进档和倒档共用结构进行设计，整车倒档通过电机反转

109

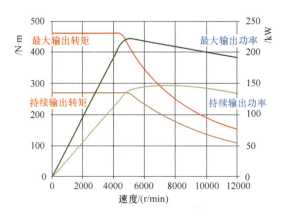

图 3-1-1 电机外特性曲线

实现。其技术参数见表 3-1-1。

表 3-1-1 EF126B02 减速器技术参数

技术指标	技术参数	备注
最高输入转速	9000r/min	
转矩容量	<260N·m	
驱动方式	横置前轮驱动	
减速比	7.793	
重量	23kg	不含润滑油
润滑油规格		推荐嘉实多 BOT130
设计寿命	10 年/30 万公里	

3.1.3 EF126B02 减速器工作原理

减速器动力传动机械部分是依靠两级齿轮副来实现减速增扭。其按功用和位置分为五大组件：右箱体、左箱体、输入轴组件、中间轴组件、差速器组件。动力由电动机输入，经过一级减速齿轮减速将动力传至主减速器，再由差速器将动力分配至两侧车轮如图 3-1-2 所示。

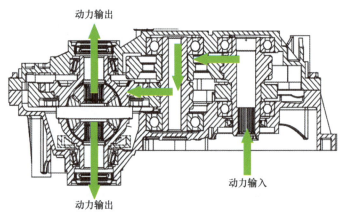

图 3-1-2 减速器动力传递路线

动力传递路线为：驱动电机→输入轴→输入轴轴齿→中间轴齿轮→中间轴轴齿→差速器半轴齿轮→左右半轴→左右车轮，如图 3-1-3 所示。

3.1.4 EF126B02 减速器与驱动电机的装配连接

1. 减速器与驱动电机的装配连接

减速器与驱动电机连接方式：减速器端匹配 5 个 9mm 通孔，3 个带钢丝螺套的 M8×1.25 螺纹孔。使用 8 个 M8×1.25×35 的 10.9 级六角法兰面螺栓连接，拧紧力矩为 40N·m。

变速器与驱动电机定位方式：为一面、内止口和一定位销，如图 3-1-4 所示。

图 3-1-3　减速器内减速齿轮结构

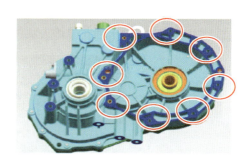

图 3-1-4　减速器与电机连接螺栓位置

2. 减速器与悬置支架的装配连接

加速器采用 3 个左悬置点，3 个后悬置点，如图 3-1-5 所示。悬置点螺纹孔规格为 M10×1.25 和 M12×1.25。左悬置使用 3 个 M10×1.25×40 的 10.9 级六角法兰面螺栓，拧紧力矩为 75N·m；后悬置使用 2 个 M10×1.25×25 的 10.9 级六角法兰面螺栓，拧紧力矩为 75N·m，1 个 M12×1.25×65 的 10.9 级六角法兰面螺栓，拧紧力矩为 95N·m。

图 3-1-5　减速器与悬置支架的装配位置

3. 减速器与半轴的装配连接

整车装配半轴时，需保证半轴中心平行于减速器差速器中心，防止半轴碰伤或损坏差速器油封，同时半轴上的卡圈应与减速器差速器半轴齿轮上的卡圈槽连接定位，如图 3-1-6 所示。

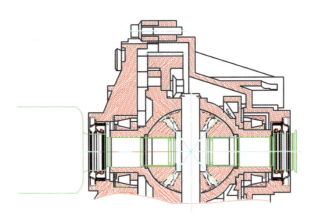

图 3-1-6 减速器与半轴的连接

4. 减速器结构

电机动力通过电机输出轴花键传入减速器总成，如图 3-1-7 所示。

图 3-1-7 动力输入花键套

电机输出动力经减速器减速后通过左右两个三枢轴万向节传给左右半轴，如图 3-1-8 所示。

图 3-1-8 减速器万向节壳

减速器工作时会产生一定热量,需要通气孔调节减速器内气压,以免压力过高导致油封漏油,如图 3-1-9 所示。

减速器齿轮油加油口、溢流口、油位检查口如图 3-1-10 所示。重新添加齿轮油时,从加油口加油,直至齿轮油从溢流口流出,则表明油位已到上限,按规定力矩旋紧加油口和溢流口即可。

减速器内共有两级减速齿轮,如图 3-1-11 所示。

EV160 减速器里程表如图 3-1-12 所示,为蜗轮蜗杆结构。

减速器油底壳内的磁铁,如图 3-1-13 所示。

图 3-1-9　减速器通气塞

图 3-1-10　加油口、溢流口、检查口

图 3-1-11　两级减速齿轮

图 3-1-12　里程表蜗轮蜗杆

图 3-1-13　减速器油底壳磁铁

3.1.5　电动汽车多齿比变速器

单速变速器也称为单级减速器，这种变速器不用换档，也不能通过换档提高电动汽车速度。现在市面销售的纯电动汽车，例如：特斯拉、宝马 I3、北汽电动车、比亚迪 E5、帝豪 EV、腾势、江淮 IEV5 等，都采用单级减速器与电机配合使用。其优点为：成本低、结构简单易安装、故障率低、动力损失小、体积小。缺点是：当电动汽车的速度较高时，电机转速很高，输出力矩较小，不足以维持电动汽车高速行驶，严重影响电动汽车中后段加速性能和最高时速。

Drive System Design 公司研发了一款电动汽车多齿比变速器,实现了商业化应用,如图 3-1-14 所示。它不仅可以提高电动汽车最高车速,还可将电动汽车续驶里程提升最多至 15%。

图 3-1-14 电动汽车多齿比变速器

3.1.6 减速器故障处理

1. 减速器动力传递故障

当整车无动力输出时,检查减速器是否损坏按下列操作执行:

1)检查整车驱动电机是否运转正常,若运转正常,则执行第二步检查,若提示驱动电机故障,则先检查驱动电机故障原因。

2)整车上电,将手柄挂入 N 位,松开脚制动,平地推车,检查车辆是否可以移动。或将整车放置到升降台上,转动车轮,检查是否能转动。若车辆可以移动或车轮可以转动,则执行第三步检查,若车辆不能移动或车轮不能转动,则执行第四步检查。

3)拆卸驱动电机与减速器连接,检查花键是否异常磨损,若减速器输入轴花键磨损,则需将减速器返厂维修。

4)若车辆不能移动或车轮不能转动,说明减速器内部轴系卡死,减速器需返厂维修。

2. 减速器产生噪声

减速器产生异常噪声,主要原因如下:润滑油不足、轴承损坏或磨损、齿轮损坏或磨损、箱体磨损或破裂。这些问题的处理措施见表 3-1-2。

表 3-1-2 减速器产生噪声的处理措施

故障分类	处 理 措 施
润滑油不足	按规定型号和油量添加润滑油
轴承损坏或磨损	参考维修手册对减速器进行维修
齿轮损坏或磨损	参考维修手册对减速器进行维修

3. 减速器渗漏油

减速器产生渗漏油,主要原因如下:输入轴油封磨损或损坏、差速器油封磨损或损坏、油塞处漏油、箱体破裂、油量过多由通气塞冒出。这些问题的处理措施见表 3-1-3。

表 3-1-3 减速器渗漏油处理措施

故障分类	处 理 措 施
输入轴油封磨损或损坏	参考维修手册操作规范更换油封
差速器油封磨损或损坏	参考维修手册操作规范更换油封
油塞处漏油	对油塞涂胶,按规定力矩拧紧
箱体破裂	参考维修手册对减速器进行维修
油量过多由通气塞冒出	检查油位调整油量

3.1.7 减速器拆装

1）拆下放油口螺栓，放掉剩余齿轮油，如图 3-1-15 所示。

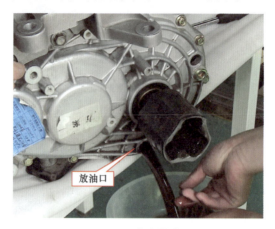

图 3-1-15　减速器放油口

2）拆下固定支架螺栓，如图 3-1-16 所示。

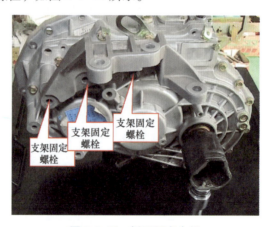

图 3-1-16　拆下固定支架

3）拆下减速器端盖螺栓，如图 3-1-17 所示。
4）用撬棍轻轻撬动减速器端盖，如图 3-1-18 所示。

图 3-1-17　拆下端盖螺栓

图 3-1-18　撬开减速器端盖

5）拔下万向节，如图 3-1-19 所示。

6）取下减速器端盖，如图 3-1-20 所示。

图 3-1-19　拔下万向节

图 3-1-20　减速器端盖

7）取下里程表蜗轮蜗杆。

8）插入万向节。

9）安装里程表蜗轮蜗杆。

10）安装减速器端盖螺栓。

11）安装固定支架。

12）安装放油口螺栓。

学习小结

1. EF126B02 减速器总成是一款前置前驱减速器，采用左右分箱、两级传动结构设计。具有体积小，结构紧凑的特点；采用前进档和倒档共用结构进行设计，整车倒档通过电机翻转实现。

2. 动力传递路线为：驱动电机→输入轴→输入轴轴齿→中间轴齿轮→中间轴轴齿→差速器半轴齿轮→左右半轴→左右车轮。

3. 整车装配半轴时，需保证半轴中心平行于减速器差速器中心，防止半轴碰伤或损坏差速器油封，同时半轴上的圈应与减速器差速器半轴齿轮上的卡圈槽连接定位。

任务工单 3.1

任务名称	传动系统拆装	学时	4	班级	
学生姓名		学生学号		任务成绩	
实训设备、工具及仪器	北汽 EV160 纯电动汽车 4 台、组合工具 4 套、扭力扳手 2 把、XK-XNY-JSCZ1 型减速驱动桥拆装实训台 4 台。	实训场地	一体化教室	日期	
客户任务描述	小王在某新能源汽车 4S 店工作，今天接了一辆北汽 EV160 纯电动汽车，该车行驶中在不同车速下，从底盘前部传来异响声，经检查师傅告诉小王需要将减速器总成拆解后检查，你知道如何安全、规范地拆装减速器总成吗？				
任务目的	请根据任务要求，安全、规范地拆装北汽 EV160 纯电动汽车传动系统				

一、资讯

1. 以特斯拉和日产聆风为例的一些主流纯电动汽车并没有搭载一台传统变速器，而是单纯搭载一组_____，并不提供_____功能。
2. 对于纯电动汽车，电机从 0 转速开始就能_____输出，没有怠速问题困扰，_____转矩比内燃机大。
3. _____齿比的减速器可以满足电动车_____和加速的动力需求，电动机本身_____运行也可以使整车跑出高速度。
4. 减速器主要功能是将整车驱动电机的_____降低、_____升高，以实现整车对驱动电机的转矩、转速要求。
5. EF126B02 减速器总成是一款_____减速器，采用左右分箱、_____传动结构设计。
6. EF126B02 减速器采用_____和_____共用结构进行设计，整车倒档通过电机_____实现。
7. EF126B02 减速器按功用和位置分为五大组件：右箱体、左箱体、_____、中间轴组件、_____组件。
8. 整车装配半轴时，需保证半轴中心平行于_____中心，防止_____碰伤或损坏差速器_____。
9. 电机输出动力经减速器减速后通过左右两个_____万向节传给左右半轴。
10. 减速器工作时会产生一定热量，需要_____调节减速器内气压，以免压力过高导致_____漏油。
11. 说明下图中各个部件名称和作用。

二、计划与决策

请根据任务要求,确定所需要的仪器、工具,并对小组成员进行合理分工,制订详细的 EV160 传动系统拆装计划。

1. 需要的仪器、工具

2. 小组成员分工

3. EV160 传动系统拆装计划

三、实施

1) 按照规范进行下电操作。
2) 拆下螺栓_____,放掉剩余_____。
3) 拆下_____螺栓。
4) 拆下减速器_____螺栓。
5) 用_____轻轻撬动减速器。
6) 拔下_____。
7) 取下减速器_____。
8) 取下里程表_____。
9) 插入_____。
10) 安装里程表_____。
11) 安装减速器_____。

通过上述过程,请总结北汽 EV160 纯电动汽车传动系统拆装过程中需要注意的事项:

1) _____
2) _____
3) _____

四、检查

拆装北汽 EV160 纯电动汽车传动系统并进行如下检查:

1. 检查减速器端盖之间固定螺栓的拧紧力矩:_____。
2. 检查减速器加放油口:_____。
3. 检查减速器轴承安装:_____。
4. 检查油位:_____。

五、评估

1. 请根据自己任务完成的情况,对自己的工作进行自我评估,并提出改进意见。

1) _____

2) _____

3) _____

2. 工单成绩（总分为自我评价、组长评价和教师评价得分值的平均值）

自我评价	组长评价	教师评价	总分

《纯电动汽车电机及传动系统拆装与检测》理实一体化教室布置图

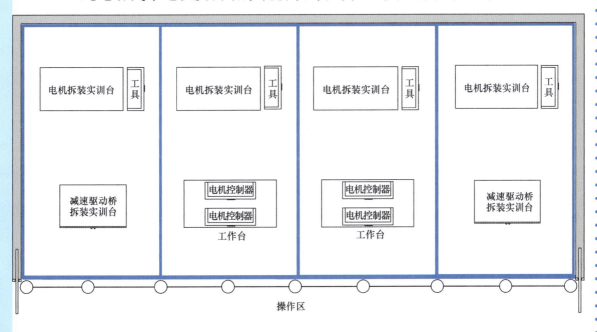

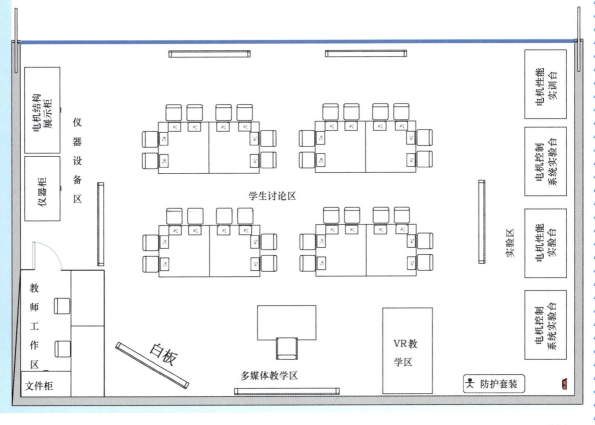

参 考 文 献

［1］袁登科，徐延东，李秀涛. 永磁同步电动机变频调速系统及其控制［M］. 北京：机械工业出版社，2015.
［2］吴文伟，文玉良，陆建峰，等. 电力电子装置热管理技术［M］. 北京：机械工业出版社，2016.
［3］吴红星. 开关磁阻电机系统理论与控制技术［M］. 北京：中国电力出版社，2010.
［4］龚熙国. 高压 IGBT 模块应用技术［M］. 北京：机械工业出版社，2015.